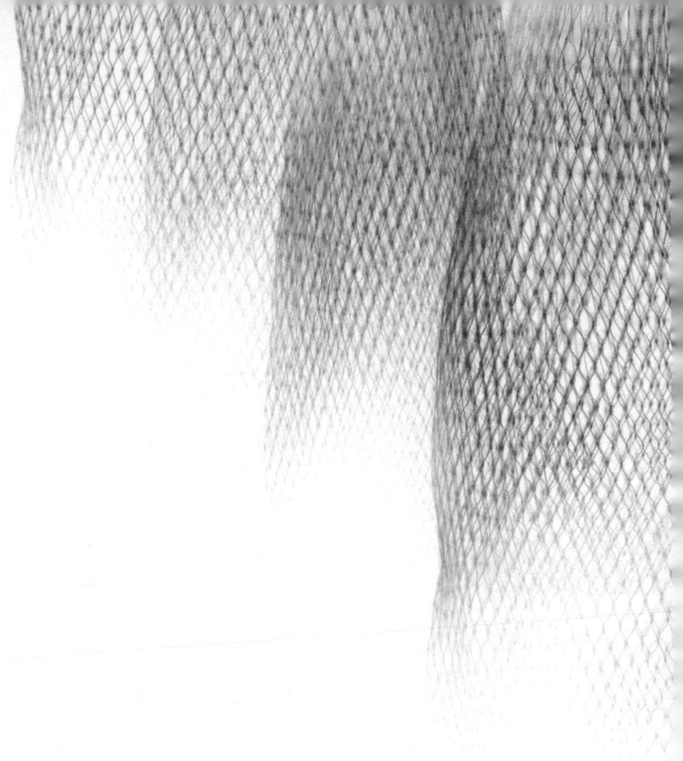

梵網經菩薩戒

靈源老和尚 著

編者序

《梵網經》說菩薩戒「是諸佛之本源，行菩薩道之根本，是大眾諸佛子之根本」；此一戒，諸佛與眾生平等具足，因此菩薩戒為一切佛果海之本源，一切菩薩因地本源。受菩薩戒是為了學習菩薩的精神，藉出發心受持做到止惡、行善，利益一切眾生，當下即出生死輪迴之苦。

本書繼《梵網經菩薩道》之後，續編靈源老和尚《佛說梵網經集義句解》的下半部，為《梵網經．菩薩心地品》下卷的菩薩戒做白話註解。法鼓文化依上冊《梵網經菩薩道》體例重新編排出版，名為《梵網經菩薩戒》出版，做為奉持「菩薩戒」、進修「菩薩道」的要覽。

《梵網經菩薩戒》一書，以漢傳佛教的基本理論與根本精神為核心，詳解菩薩次第修道的心地法門，以及應受持的菩薩戒律，包括十重三聚淨戒、十門四十八輕戒；透過正確理解菩薩道的心地法門要義，清楚持守戒條的精神和方法，俾使我們能真正持菩薩戒、行菩薩道。

全書內容共分三篇，〈第一篇　心地聖戒〉詳釋華藏世界所說，菩薩道心地修行要旨，此為上求〈心地道〉的資糧。由於《梵網經》古代註疏本的綱要編排，是依據整部《梵網經》所做的科判，故在盧舍那佛所說〈心地法門品〉中的修行次第，包含《梵網經》下卷釋迦牟尼佛所誦之〈心地戒〉。但現今一般菩薩戒的誦戒文，或白話註解的菩薩戒，往往省略在〈心地戒〉中有關盧舍那佛所說〈心地道〉的次第。因此，本書〈第一篇　心地聖戒〉的第二部分中，有關「橫豎示現」的十處法門，正是盧舍那佛所說〈心地法門品〉的修行次第，總括從十信至圓頓心地法門，編輯並於文末製作完整表格為〈附表一　十處圓融行布表〉。

〈第二篇　十重三聚淨戒〉的〈參、重頌戒品〉，即為目前法鼓山誦戒儀所使用的起始文。針對「總說三聚」的範疇說明，編輯時參照第三篇的〈陸、勸持流通〉文中的「勸護迴向」法義做增補，整理為〈附表二　三聚淨戒涵攝表〉。

〈第三篇　十門四十八輕〉分有十門、四十八輕戒，此為靈源老和尚參照唐代新羅青丘太賢所著之《梵網經古跡記》而分，戒戒意涵無盡，勸學令修，歡喜受持，內容彰顯出菩薩戒自利利他的精神。

附錄所收錄的《梵網經．菩薩心地品》下卷經文，所做的標逗、分段，是依靈源老和尚句解要義，而經文校正所用字，依現行菩薩戒誦戒本做了詳細考訂，非依《大正藏》第二十四冊的《梵網經》舊版經文。

為本書進行編校時，查得靈源老和尚句解《梵網經》所參考的註疏，網羅諸家大師著作，並予以集義加註，本書可說匯納諸家大師智慧的精粹。今將所參考的《梵網經》註疏書目，附加於下：

天台宗智者大師之《菩薩戒義疏》，《大正藏》第四十冊。

華嚴宗法藏大師之《梵網經菩薩戒本疏》，《大正藏》第四十冊。

唯識宗太賢大師之《梵網經古跡記》，《大正藏》第四十冊。

律宗寂光大師之《梵網經直解》，《卍新纂續藏》第三十八冊。
禪宗袾宏大師之《梵網菩薩戒經義疏發隱》，《卍新纂續藏》第三十八冊。
淨土宗蕅益大師之《梵網經合註》，《卍新纂續藏》第三十八冊。

諸佛菩薩皆在一微塵之心地法門，以心印心，做大佛事；最後，期望讀者閱讀本書後，能回歸本源心地，受持菩薩戒，發起無上菩提心。

目錄

第二篇 十重三聚淨戒

第三篇——十門四十八輕

陸、勸持流通

附錄

第一篇

心地聖戒

戒經前言

基隆十方大覺禪寺釋靈源集

心為萬法之本，能生一切諸法，故曰心地。《心地觀經》曰：「三界之中以心為主，能觀心者，究竟解脫，不能觀者，究竟沉淪。眾生之心，猶如大地，五穀五果，從大地生。如是心法，生世出世，善惡五趣，有學無學，獨覺菩薩，及於如來，以此因緣，三界唯心，心名為地。」《大日經疏》曰：「如世人，舉趾動足，皆依於地，菩薩亦如是，依心進行，故名此心為地。」

大乘菩薩戒，是佛頓說。小乘戒律，是佛漸制，每條都有因緣。優波離尊者所集，經時九旬，陞座誦讀：凡八十度，名《八十誦律》，此根本律藏也。後百餘年，異說競鳴，分為二部、五部、十八部，乃至五百部之多。二部者，上座及大眾部是。五部者，一、薩婆多部，即《十誦律》；二、曇無德部，即《四分律》；三、大眾部，即《僧祇律》；四、彌沙塞部，即《五分律》；五、迦葉遺部，即

《解脫律》。十八部者，即於小乘二十部中，除去上座大眾二部也。五百部者，《智度論》云：佛滅度後，有五百之異部，其詳不得而聞。

佛在世時，以佛為師；佛滅度後，以戒為師。唐道宣律師，盛宏此宗，著述頗富，時人稱為南山宗。明末金陵有古心律師，重興此宗，其子孫三昧、見月二律師繼起，創戒壇於寶華山，至於南北大叢林之傳戒，罔不遵之。

梵網經盧舍那佛說菩薩心地戒品第十卷下

爾時盧舍那佛，為此大眾，略開百千恆河沙，不可說法門中心地，如毛頭許。

壹、本源心地

〈一〉舍那結顯

一、結說心地

爾時盧舍那佛，為此大眾，略開百千恆河沙，不可說法門中心地，如毛頭許。至微至細，其力極大。三世諸佛所證證此，所說說此；三世菩薩所修修此，所學學此。故《華嚴經》云：如有大經卷，量等三千界，在於一塵內，若有聰明人，破塵出經卷，利益一切人。是故諸佛菩薩，皆在一微塵許心地法門中，作大佛事。故《法華經》云：過去諸佛，出現世間，皆以一大事因緣故，出現於世：開、示、悟、入佛之知見。使一切眾生，悟佛知見，入佛知見道故未來現在諸佛出現世間，亦以一大事因緣故，出現於世，開示悟入佛之知見，使一切眾生，悟佛知見，入佛知見道故。

佛之知見，即心地法門也。所以下云過去佛已說，未來佛當說，現在佛今說云云，佛佛祖祖無不以此心地法門，以心印心，燈燈相續，永久不斷。若此法一斷，則佛法完矣。

是過去一切佛已說、未來佛當說、現在佛今說。三世菩薩已學、當學、今學。

我已百劫修行是心地，號吾為盧舍那。

二、顯說心地

初、引他證己。

（一）引果人同證、同說以勸信。**是過去一切佛已說、未來佛當說、現在佛今說**。

（二）引因人同修、同學以勸受。**三世菩薩已學、當學、今學**。

後、以己證信。

（一）因深，**我已百劫修行是心地**，此句舉因以明果。

（二）果極，**號吾為盧舍那**，此句舉果以明因。

汝諸佛轉我所說，與一切眾生，開心地道。

〈二〉付授勸轉

一、總勸轉化

今初以是因深果極第一之道，告勉千佛當轉。

汝諸佛告勉千佛，**轉我所說，與一切眾生，開心地道**。以諸眾生各各具足此心地道，與佛無二。故《直解》云：「是一切佛本源，一切菩薩本源，佛性種子。一切眾生皆有佛性，乃至當當常有因故，當當常住法身也。」此心地本來無垢、無染、無遮、無障，虛廓靈妙，清淨，自在；何言開耶？所謂開者，對封而言，以諸眾生，皆為識情所障，迷背不覺，非因智者指點開示，終無得見諸佛體性。所謂千年暗室，仗燈能破，歷劫煩惱，得智始除也。

《合註》云：本源心地，一切眾生之所共有，但無明障蔽，久成閉塞，今轉此法門，令得開發，故云開心地道也。

爾時蓮華臺藏世界，赫赫天光師子座上，盧舍那佛放光，光告千華上佛，持我心地法門品而去。

二、別勸轉化

初、授勸轉化。

爾時蓮華臺藏世界，赫赫天光師子座上，盧舍那佛放光，光告千華上佛，持我〈心地法門品〉而去。光告有二義：（一）即佛放光，而於光中召告。如《楞嚴》，爾時世尊，頂放百寶光明，光中涌出，千葉寶蓮，有化如來，結跏趺坐，宣說神咒。此即光中召告之義。（二）即所放光，光亦能告。謂不但正報身善能說法，乃至依報蓮華光明，亦悉能說法也。所謂寶網雲台，水流風動，皆演法音之義。

《合註》云：既結示咐囑，復放光普告者，正顯心地法門若本若迹、若因若果，無不以智為前導也。故始則釋迦放光發起，表本覺之性明，能熏始覺。次則菩薩放光集眾，表始覺之智德，能尋本覺。今則舍那放光囑授，表從果起因，妙彰理本。後復釋迦放光誦

復轉為千百億釋迦，及一切眾生，次第說我上心地法門品。汝等受持讀誦，一心而行。

戒，表於即因成果，善修事迹。光光互映，了知始本不二，修性同源矣。

後、勸授有序。

復轉為千百億釋迦，及一切眾生，次第說我上〈心地法門品〉。此是圓融中說行布，明非頓說。意謂心地法門，位有四十，眾生根有大小利鈍不等，生、住、異、滅四十二品無明亦有輕重不一，必須次第說我上〈心地法門品〉。其次第者，初說十住真空妙理，次說十行實相妙行，次說十迴向中道一諦，次說十地所證真如。此圓融中而說行布，非若儱侗真如之所談也。**汝等受持讀誦，一心而行**。亦名一行三昧。所謂攝心一處，即是諸佛道場；散亂片時，乃即眾生境界。此於行布中說圓融，舍那之言盡此。

爾時千華上佛、千百億釋迦，從蓮華臺藏世界，赫赫師子座起，各各辭退，舉身放不可思議光，光皆化無量佛。一時以無量青、黃、赤、白華，供養盧舍那佛，受持上說，心地法門品竟。

貳、橫豎示現

〈一〉釋迦轉化

一、受已謝師

爾時千華上佛、千百億釋迦，從蓮華臺藏世界，赫赫師子座起，各各辭退，舉身放不可思議光，迹光與本光無異，同是三德祕藏，微妙智明。**光皆化無量佛**，此智是諸佛之母，諸佛由此而出生。表顯心地戒光，出生無量無邊智慧佛，戒光無盡，出生諸佛亦無盡。**一時**，以行果道同故。**以無量青**十住、**黃**十行、**赤**十向、**白**十地**華**，**供養盧舍那佛**，以心地因華，還以供養心地果佛，所謂諸供養中，法供養為最。世間花果，從土地中生；出世花果，從心地中生。故以妙花，莊嚴妙果。**受持上說**，**〈心地法門品〉竟**。

各各從此蓮華臺藏世界而沒，沒已，入體性虛空華光三昧，還本源世界，閻浮提菩提樹下。

二、各旋本界

入定歸本，**各各從此蓮華臺藏世界而沒，沒已，入**本**體**法**性**，聖凡平等，**虛空**即「法身德」、**華**即「解脫德」、**光**即「般若德」，**三昧**正明所隱迹處，即法身本定之別號。

言此法身常住本定體性，聖凡平等，眾生迷而不覺，不自受用。諸佛悟此，出沒隱顯自在無礙。猶如虛空，其體本非色相，而以色相顯發。法身體性，本非來往，無形無相，而以行華智光任運莊嚴。用不離體，照不離寂，照寂平等，理行無二，故曰體性虛空華光三昧。**還本源世界，閻浮提菩提樹下**。

《合註》：若據下卷初文，應云：還至四禪摩醯首羅天王宮。先說魔受化經，方乃下生人間，示現出家，詣菩提樹；今徑明菩提樹下，從三昧出，正顯八相成道，始終皆不離此三昧也。又前接至華藏，既稱為還，今復至南洲，亦名還本源世界者，前表理為事本，今表事為理本，故皆得稱還，稱本源也。理為事本者，本惟真常法身，而眾生久在輪轉，不能自見，故更現勝應、劣應等身以覺悟之。

又本惟寂光淨土，而眾生違背日久，證入無由，故更垂實報、方便、同居等土以攝受之，是為理為事本也。事為理本者，謂只此因緣生法，此法即空、即假、即中，總不得離此正因緣境，而別談理性。又只此施、戒等行，或達其三輪體空，或知其莊嚴無盡，或了其體是法界，總不得廢此六度萬行之事而高談理觀。斷見思者，便能橫見方便；破無明者，便能橫見實報；無明盡者，便能橫見寂光。方便一土，猶可云別在界外；實報、寂光，則未有隔於此土者，是名事為理本也。

從體性虛空華光三昧出，出已，

〈二〉明橫說法

一、出定相示

從體性虛空華光三昧出，出已。問：諸佛法身，充滿十方，普現一切色身三昧；何有入定、出定相耶？答：有三義：

（一）觀實相義，本離名字言說等相。所謂諸法寂滅相，不可以言宣：除佛方便說，故有此出入相。

（二）觀說法時，有當時說、不當時說之別。所謂欲識佛性義，當觀時節因緣，故有此出入相。

（三）觀眾生根，說何等法，所謂隨機演教，應病與藥，故有此出入相。故《法華》先說《無量義經》，後入無量義定，乃至出定揚德，使彼根基純熟，深心仰慕，然後與說，正合此義。

方坐金剛千光王座，

及妙光堂，說十世界海。

二、十處法門

初、次第所說，有九處會。

第一會說十信。**方**正也，**坐**安住正法，故云：方坐**金剛千光王座**，此座乃是千佛所傳，無動無壞，無晦無蒙，無有比對大寶華王座。初地菩薩功德機感，承本願力，寄位人乘，作金輪王位，修十善業，以化眾生，行檀度法，而嚴妙果。統攝四洲一切國土故。始成正覺，初轉法輪，而於此處，說十信法門也。舍那對千佛說，故頓說〈心地品〉。以十住中具該十信，非信無以有住，故云堅信忍中十發趣心向果。

今明次第故，先說十信，後說十住。使已發大心眾生，得入圓十信位，方得圓十住也。**及妙光堂**，即普光明殿，初地菩薩寄位也。**說十世界**法門**海**，即華藏莊嚴十世界海。

一真如心，乃是十方三世一切諸佛自覺聖智受用境界。諸佛乘

復從座起，至帝釋宮，說十住。

復從座起，至燄天中，說十行。

復從座起，至第四天中，說十迴向。

此法門倒駕慈航，一切菩薩皆修此門至究竟果海。一切眾生以迷此心，流轉十方，生死無盡，諸佛法門亦復無盡。海，喻深廣汪洋，無所不藏，無有窮盡之相。說此十世界法門海，欲令眾生即入圓信，以起圓解，乃得圓證之義。廣如華嚴十〈世界品〉。

第二會說十住。**復從座起**，華嚴七處九會，多云不起本處。此云復從座起者，機宜不同，所見各別故。**至帝釋宮**二地寄位。即忉利天內庭，由單修上品十善得生其中。**說十住**。

第三會說十行。**復從座起**，**至燄天中**三地寄位。即夜摩天，華言時分，謂時時快樂，觀蓮華開合乃分晝夜。由修上品十善，兼修未到定禪，得生其中。**說十行**。

第四會說十向。**復從座起**，**至第四天中**四地寄位，即兜率陀（知足）天，於五欲知止足故。所修同前，燄慧菩薩，初斷俱生身見，觀於道品，同於初果預流位，故世尊次於此處說十迴向。令已復從座起，至化樂天，說十禪定。

入十行菩薩天王，得入圓十向法門，**說十迴向**。

第五會說十禪定。**復從座起**，**至化樂天**，自化五欲而娛樂故，所修同前。難勝菩薩寄位阿羅漢乘，觀四諦行既終，同於四果無學位。是故世尊次於此處說十禪定，為令已入十迴向菩薩天王，得知諸佛禪定，圓入諸佛剎土，圓證法身境界也，**說十禪定**。別經云：三賢行滿，修四加行，方登初地。

十禪定者：

（一）普光明三昧：身土重重，相入周遍，廣無限故。

（二）妙光明三昧：自他身心境界無礙故。

（三）次第佛國土三昧：以如幻智應物動寂，依根本智，恆無往來，現延促故。

（四）清淨身心行三昧：過阿僧祇世界，於諸佛所，散花供養，勤求法故。

（五）知過去莊嚴藏三昧：知過去諸佛劫剎，度生壽命之次第故。

（六）智光明三昧：未來劫中，說佛已說法及未說法，皆悉知故。

（七）了知一切世界佛莊嚴三昧：能遍入十方世界，見一切佛化莊嚴故。

（八）一切眾生差別身三昧：人身入夜叉身出，乃至剎那入，三世起故。

（九）法界自在三昧：自身毛孔入三昧，而作諸佛事，得法界自在故。

（十）無礙輪三昧：住無礙三業，遍入佛土，成眾生智，轉淨法輪，紹佛種故。見《華嚴經》。

第六處會。**復從座起，至他化天，說十地**。他化自在有二：

復從座起，至他化

天，說十地。

（一）正修上品十善，兼坐未到定禪，假此得成自然受樂。（二）遍修十善，假他所化，以成己樂，即魔王天。現前地菩薩，修行功成，多作自在天王，統攝欲界，寄緣覺乘。謂此菩薩，於修十二因緣觀行，同於緣覺，是故世尊次於此處而說十地。為令已入十禪菩薩天王得圓證十地法門也。

以上四王、忉利、夜摩、兜率、化樂、他化，六欲天中所說十信、十住、十行、十迴向、十禪定、十地法門。正為初地乃至六地菩薩，寄位人乘、天乘、聲聞乘、緣覺乘，同彼凡夫天人，三乘二乘斷惑。是故世尊亦即在彼六欲天中，說十信、三賢、十地等，令彼諸凡夫天人、聲聞、緣覺，迴向大乘而證十地也。

下說十金剛、十忍、十願者，為令已登七、八、九地諸菩薩，發起自在，任運現身說法，令永斷俱生（我執、法執）二執、生相無明，得入如來妙覺果海。

復至一禪中，說十金剛。

第七處會。**復至一禪中，說十金剛**。初禪離生喜樂地，已離下界欲惡，忻上妙定。即遠行地菩薩修行功德，多作初禪天王，寄菩薩乘，以自證法，攝化眾生，是故世尊次於此處說十金剛。為令已登七地菩薩天王，得證金剛觀智，入妙覺果海也。

十金剛，見《華嚴》五十五卷，即前十金剛心向果。

（一）覺了法性：菩薩發大願心，誓欲了解無量無邊不可窮盡之一切微妙法門，而不使有餘。

（二）化度眾生：菩薩以無上涅槃道，度脫十方無量無邊之一切眾生，悉使出離諸趣。

（三）莊嚴世界：菩薩謂十方世界，無量無邊，不可窮盡，我當以諸佛國土最上莊嚴之具，而莊嚴之。

（四）善根迴向：菩薩以種種修行之善根，悉皆迴向於無上佛果菩提，及法界眾生。

復至二禪中，說十

（五）奉事大師：以所修之善根功德，奉事供養無量無邊一切諸佛，悉使周遍而無缺少。

（六）實證諸法：於諸法實相之理，非實非虛，非有非無，悉皆真實證知。

（七）廣行忍辱：或被眾生訶罵，或被眾生楚撻，或被截手足，或被割耳鼻，如是一切皆能忍受，無有瞋恨。

（八）長時修行：於未來世劫，無量無邊，不可窮盡，我當盡彼之劫，行菩薩道，教化眾生，永不疲倦。

（九）自行滿足：菩薩建立妙行，以心為主，心體寂靜，則能圓滿一切功德善根，具足無上大菩提道。

（十）令他願滿：自行既滿，慈悲之心轉更增上，故為求解脫者，教涅槃之道；為求法者，說大乘之法，悉使其願心滿足。

第八處會。**復至二禪中，說十忍**。定生喜樂地，已離初禪之

忍。

喜，攝心在定。淡然凝靜而生勝定，故云定生喜樂。不動菩薩修行功德多作二禪天王，主小千界，寄一乘位，說自證法門，教化眾生，是故世尊次於此處說十忍法，令得無生忍菩薩天王，修行十忍法門，入妙覺果海也。

十忍者：

（一）音聲忍：聞佛聲教，曉了忍可，而不驚怖。

（二）順忍：於理於事，隨順忍可，而無違逆。

（三）無生忍：了法無生，諦審忍可，不起妄念。

（四）如幻忍：知法如幻，諦審忍可而無執著。

（五）如燄忍：諦審忍可，境界不實，猶如陽燄。

（六）如夢忍：諦審忍可，妄心行處，猶如夢歷。

（七）如響忍：了言無實，猶如谷響，忍可不著。

（八）如影忍：色身無實，猶如影像，忍可不取。

復至三禪中，說十願。

復至四禪中，摩醯首羅天王宮，說我本源蓮華臺藏世界，盧舍那佛所說

（九）如化忍：諦審諸法，無而忽有，忍可不執。

（十）如空忍：知法無體，猶如虛空，忍可不住。以上悉見《華嚴》。

第九處會。**復至三禪中，說十願**。三禪即離喜妙樂地，已離初禪、二禪喜踊之動，泯然入定，而得勝妙之樂。善慧地菩薩寄位天乘，主中千界，以自一乘法門，為眾演說。是故世尊次於此天說普賢十願法門，令彼已證善慧菩薩天王，更得十大願力，得入如來妙覺果海也。

以上九處乃圓融中說行布。下一處行布中說圓融。

中、圓頓所說。

復至四禪中，摩醯首羅天王宮，說我本源蓮華臺藏世界，盧舍那佛所說〈**心地法門品**〉。法雲菩薩修行功德，多作四禪天王，主大千界，而位寄佛一乘，於諸聲聞、緣覺、菩薩、天王、

心地法門品。

其餘千百億釋迦，亦復如是，無二無別，如賢劫品中說。

說自證法門，故佛次於此處頓說心地，令彼圓證十地菩薩入妙覺果海，此一處行布中說圓融。

後、例結所說。

其餘千百億釋迦，亦復如是，無二無別，如〈賢劫品〉中說。上明千釋迦，及千百億釋迦，皆於十方世界之中，所說〈心地法門品〉。此下明一釋迦於一世界中，所說〈心地法門品〉也。

爾時釋迦牟尼佛，從初現蓮華臺藏世界，東方來入天王宮中，說魔受化經已，

下生南閻浮提，迦夷羅國。

〈三〉明暨說法

一、天上說道

初、示相成道。

將欲降神，先現五瑞：

（一）從兜率天降王宮，**爾時釋迦牟尼佛，從初現蓮華臺藏世界**，指上卷初，於四禪天中放光徹照，乃至擎接還歸事也。**東方來入**兜率**天王宮中**，《合註》云：摩醯首羅宮。謂既秉受心地法門，入體性虛空華光三昧，即於三昧之中，還來此土摩醯首羅天王宮中。此土在華藏之東，故云東方來入也。**說《魔受化經》已**，示現於四禪天降魔已竟。

（二）入胎**下生南閻浮提，迦夷羅國**。或云迦毘羅，此云黃色，古有黃頭仙人，在此修道，黃處中道，最為安隱，古佛出世，

母名摩耶，父字白淨，吾名悉達。七歲出家，三十成道，號吾為釋迦牟尼佛。

皆於此示生。

（三）住胎**母名摩耶**，具云摩訶摩耶，此翻大幻，謂以大願智幻法門，為如來母也。**父字白淨**或云淨飯，梵曰鬱頭檀。

（四）出胎**吾名悉達**，此翻頓吉，及一切義成，以太子生時，諸吉祥瑞皆悉具故。出生時，立蓮華上，一手指天，一手指地，目顧四方，周行七步曰：天上天下，唯吾獨尊，世出世間，此法第一。

（五）出家苦行**七歲出家**，猶言出家七歲。謂初出家時，先學不用處定，不久得證，知非究竟；次學非非想定，不久得證，知其亦非究竟；次復遊行諸國，凡經一年；次更苦行六年，至三十乃成正覺。**三十成道**，**號吾為釋迦牟尼佛**。

以上為五瑞。（六）成道降魔、加上（七）轉法輪、（八）入涅槃，即是八相成道。齊此以前，皆是體性虛空華光三昧中事，示

於寂滅道場，

坐金剛華光王座，

成佛己名，為從三昧出。

中、成道說法。

即（七）轉法輪相**於寂滅道場**，即菩提道場，菩提是智，寂滅是理，由坐此處，以菩提智證寂滅理，故菩提道場，亦名寂滅道場。約事，即真阿練若正修行處；約理，即所證菩提涅槃。無為無相，清淨寂滅之理。即於此理中成正覺，坐道場轉法輪也。一覺一切覺，無處不到。一寂一切寂，天上說時即人間說時。說道即是說戒，道從戒起故，所謂道共戒。

坐金剛華光王座，明轉法輪處。千佛皆然。既成道已，當轉法輪度諸眾生。爾時世尊，即自思惟，我得智慧，無能信受，若我住世，於世無益，不如入於涅槃。爾時大梵天王而白佛言：世尊今日，法海已滿，法幢已立，潤濟開導，今正是時；云何欲捨一切眾生，入於涅槃而不說法？是時如來受梵天王請已，雖知眾生根鈍，

乃至摩醯首羅天王宮，其中次第十住處所說。

時佛觀諸大梵天王，網羅幢因，為說無量世界，猶如網孔，一一世界，

且稱本懷，是故雙垂二相：一處於鹿野苑，為憍陳如等五比丘，轉四諦法輪。一處於菩提場演大華嚴，並普光明殿同說此經。

乃至摩醯首羅天王宮，其中次第十住處所說。即上文（一）妙光堂說十世界法門海，（二）忉利說十住，（三）夜摩說十行，（四）兜率說十向，（五）化樂說十禪定，（六）他化說十地，（七）初禪說十金剛，（八）二禪說十忍，（九）三禪說十願，（十）四禪說〈心地法門品〉，十箇住處。此上說法已周，向下更為說喻，令知「所被之機、能被之教」皆如梵網，不出於心地法門也。

後、說經出致。

時佛觀諸大梵天王，網羅幢因，為說無量世界，猶如網孔，一一世界，各各不同，別異無量，佛教門亦復如是。

各各不同，別異無量，佛教門亦復如是。

吾今來此世界八千返，為此娑婆世界，坐金剛華光王座，乃至摩醯首羅天王宮，為是中一切大眾，略開心地法門竟。

結、往返多遍。

吾今來此世界八千返。意寓返八識即是佛。所謂眾生無盡，佛慈無盡，可歎我等癡迷，至今仍作眾生，豈不慚愧？下文申明來意**為此娑婆世界**，**坐金剛華光王座**，三世諸佛坐此成道，無少變壞故。**乃至**十處中超其九（次第處），**摩醯首羅天王宮**，**為是中一切**天人**大眾**，**略開心地法門竟**。

復從天王宮，下至閻浮提菩提樹下，為此地上一切眾生、凡夫癡暗之人，說我本盧舍那佛心地中，初發心中，常所誦一戒：光明金剛寶戒。

是一切佛本源、一切菩薩本源，佛性種子。

二、人間說戒

初、聖凡本源。

復從天王宮，下至閻浮提菩提樹下，為此地上一切眾生、凡夫癡暗之人，聖凡雖差，戒體不二，**說我本盧舍那佛心地**戒**中**，舉法有所師也。**初發**光明**心中**出戒本體，**常所誦一**心**戒**。下句出戒相名德，**光明**照一切法，破諸黑暗，「攝善戒」也。**金剛**摧諸煩惱，體是無漏，「律儀戒」也。**寶**，廣具一切功德法財，濟物利用，「攝生戒」也。**戒**，欲破煩惱黑暗，非大智慧光明不能；欲碎根本無明，非金剛堅利智慧不能；欲莊嚴法身果相，非眾善寶戒不能。

此戒體《華嚴》所言，一真法界大總相法門體。《圓覺》云，神通大光明藏。《楞嚴》云，即是常住真心性淨明體。《法華》云，一乘實相佛知佛見。在此名為光明金剛寶戒。**是一切佛本**

一切眾生皆有佛性，一切意、識、色、心、是情、是心，皆入佛性戒中。當當常有因故，當當常住法身。如是十波羅提木叉，出於世界，是法戒，是三世一切眾生頂戴受持。

源、一切菩薩本源，亦即眾生本有**佛性**，正因**種子**。此一戒，諸佛與眾生平等具足，無二性體，本無增減。是故此戒為一切佛果海本源，一切菩薩因地本源。以離此戒，則三十心、十地法門，皆不能成就。

後、差別說戒。

一切眾生皆有佛性，**一切意**思量名意，即七識。**識**了別名識，即第六。**色**五根四大，即前五。**心**集起名心，即第八。**是情**揀非無情，**是心**揀非無心，**皆入佛性戒中**，但有心者皆有佛性。有佛性者，即入佛性戒中。**當當**的的確確，**常有**光明戒體之**因故**，以此妙戒全依佛性理體而起，還復開顯佛性，莊嚴佛性。**當當常住法身**，此是「戒果」。下出「戒用」，**如是十**，十十無盡，**波羅提木叉**此云保解脫，謂持此戒者，保護三業六根，得大解脫也。**出於世界**，**是**成佛**法**門**戒**。下舉人勸受，**是三世一切眾生頂戴受**

吾今當為此大眾，
重說十無盡藏戒
品，

是一切眾生戒本
源，自性清淨。

持。

結顯「戒法」。**吾今當為此大眾**，受戒之四眾天龍八部，**重說〈十無盡藏戒品〉**不出一心戒。戒體是一，因眾生心念無盡故，此戒法亦無有盡。是故以此一戒，演而為十，復開為四十八，乃至三萬八千，無窮無盡。

後二句明指「戒體」，**是一切眾生戒本源**，源本一味平等，以眾生心念無盡，是故諸佛所說戒品亦無有盡。惟恐眾生執此戒相，不違戒性，所以復言此無盡諸戒者，即是一切眾生戒本源。**自性**戒體**清淨**。本無戒可持，亦本無戒可說，今此說者、受者，皆方便也。

第二篇

十重三聚淨戒

我今盧舍那，

參、重頌戒品

〈一〉頌前起後

總頌上、下卷開說心地戒法，結前起後，讚歎勸受奉行大略也。信為入法之本，戒為住法之源，所以說偈更勸令信。總有十一頌半勸信，分二門，前六頌傳頌本師門，後五頌半末主顯揚門。（一頌有四句，總有四十六句。）

一、傳頌本師

傳頌本師門共二十四句，分二，初五頌顯主尊勝，後一頌讚戒功能。

初、現身本末。

有二頌半共十句，略有四重。

甲、有二句，他受用身。**我今盧舍那**，明本迹之佛。**方坐蓮**

方坐蓮華臺。

華臺，明本迹依報國土。

蓮華臺，通有三義：

（一）約事，通辨有四。《智論》：一、人中蓮華十葉以上。二、天上蓮華百葉以上。三、菩薩蓮華千葉以上。四、佛蓮華無有限量。故《華嚴》中大寶蓮華座，不言葉數，但云「一一華葉皆遍法界」。

（二）就理，如來智身依於真理義等，故以蓮華表示。《梁攝論》中明有四義：一、如世蓮華在泥不汙，譬法身真如，在世不為世法所汙。二、如蓮華性自開發，譬真如自性開悟，眾生若證，則自性開發。三、如蓮華為群蜂所採，譬真如為眾聖所用。四、如蓮華有四德：一香、二淨、三柔軟、四可愛，譬真如四德，謂常樂我淨。總唯二義：一、處泥恆淨，二、出水香潔。喻顯心地戒體，在凡夫中本無垢相，在聖人中本無淨性。

周匝千華上，
復現千釋迦。

（三）理事無礙，依正無礙，相即自在。又蓮有開合義，以表如來開權顯實，會權歸實。謂開一乘心地戒法之實，演說十重四十八輕之權，復令歸本源自性清淨心地戒體之實。又表舍那一體化為千釋迦，千百億釋迦，又皆攝歸舍那之本體也。因該果海、果徹因源，因果齊彰也。

臺者，中也。表因能起果。藏者，包含十方法界悉在中也。以本佛坐於華臺，表戒是眾德之本。舍那為本，千釋迦為迹。千釋迦為本，百億為迹。本佛、迹佛，不分前後，一時成佛。表體用無二道也。雖名本迹，勿生二想，千百億身，即舍那一身耳。千江散影，長空止見孤輪。萬口傳聲，空谷曾無二響。應化無窮，法身不動，亦猶是也。

乙、有二句，淨土化身。**周匝千華上**，明應迹依報土，顯本迹依報。**復現千釋迦**，明應迹正報身，顯本迹正報，周遍圓融

一華百億國，
一國一釋迦。
各坐菩提樹，
一時成佛道。
如是千百億，
盧舍那本身。
千百億釋迦，

義。

丙、有一句，穢土化身。**一華百億國**明迹。迹依報土，顯迹佛依報，周遍圓融。**一國一釋迦**，以表四十八輕乃至無量戒品，皆亦從十戒中演出。

丁、有四句，舉淨穢土，根機頓熟，一時重化，攝末歸本。**各坐菩提樹，一時成佛道**。申明應化同時，體用不二，表心地戒品數雖多，同一梵行為體。總上八句顯明「從體起用」。

下明「攝用歸體」。**如是千百億，盧舍那本身**。言千百億釋迦，以千百億釋迦為本，千釋迦又以舍那為本。以上正為開說心地戒法緣起之義。

中、說法本末。

有二頌半共十句，正頌此品發起由致。

千百億釋迦，各接微塵眾，生疑作念。大根眾生，**俱來至我**

各接微塵眾，
俱來至我所，
聽我誦佛戒，
甘露門即開。

是時千百億，
還至本道場，
各坐菩提樹，
誦我本師戒，
十重四十八。

戒如明日月，

所，聽我誦佛戒，以顯此心地大戒，是諸佛共證。言誦而不言說者，此是三世諸佛之法，非始自作故。說者創陳己見，誦者讀誦前言，猶述而不作之意也。**甘露門即開**，此句讚戒德。如世甘露，若得飲者，便獲清涼。若人受淨戒，當下即出生死熱惱之苦。

是時千百億，還至本道場，表本心。以顯諸佛出定入定、去來坐立，皆不離本體。**各坐菩提樹**，表覺體。顯諸佛成道轉法輪同一本覺，無二道也。**誦我本師戒**，顯戒授有師，不忘根本心地故。以上頌前，此下頌後。**十重四十八**，出戒相。

後、讚戒功能。

有一頌四句。

戒如明日月，能破無明大暗，日消罪露化霜雪，月照夜幽；此戒能滅愚癡暗障，如日月能破昏暗，出生死長夜，顯無住涅槃。上句慧嚴，下句福嚴。

亦如瓔珞珠，
微塵菩薩眾，
由是成正覺。

亦如瓔珞珠，珠療貧窮，以表三聚淨戒，莊嚴身相。「攝律儀戒」能破諸惡故如日；「攝眾生戒」以大悲清涼為相故如月；「攝善法戒」以能攝修，具諸勝善法而自佩故，如瓔珞珠。又謂持戒人，因戒生定，因定發慧，一切功德，智慧法身，悉由戒度而成就故，如瓔珞珠，莊嚴身相，圓滿法身。**微塵菩薩眾**，**由是成正覺**。

是盧舍那誦，
我亦如是誦，
汝新學菩薩，
頂戴受持戒，
受持是戒已，
轉授諸眾生。
諦聽我正誦，
佛法中戒藏，
波羅提木叉，
大眾心諦信，
汝是當成佛，
我是已成佛，

二、末主顯揚

末主顯揚門有五頌半，共二十二句。

初、前六句輾轉開化。

是盧舍那誦，我亦如是誦，汝新學菩薩，頂戴受持戒，上二句成自利行。下二句成利他行，**受持是戒已，轉授諸眾生**。使燈燈相續，化化無盡。

中、八句所成戒相。

諦聽我正誦，揀非外道邪誦。**佛法中戒藏**，以此戒中備具眾德，故云藏也。以一切五戒、八戒、十戒、二百五十戒等，無不從此流出，無不攝入此大戒中。《清淨毘尼方廣經》云：「菩薩毘尼，猶如大海，所有毘尼，無不納受。」毘尼，此云性善，謂性本自善故；亦云善住，能令佛法久住世故；亦云善壽，謂毘尼住世，則佛法住世：毘尼若滅，則佛法速滅。毘尼乃佛法中壽命，故云佛

常作如是信，
戒品已具足。

一切有心者，
皆應攝佛戒，
眾生受佛戒，
即入諸佛位，

法中戒藏。**波羅提木叉**，此名別解脫，持一事得一解脫，別別不同故；又云，保解脫，保衛三業得解脫故。**大眾心諦信**，戒法大海，信為能入。**汝是當成佛，我是已成佛**，生佛畢竟殊，持戒定可作佛。

又二句辨信益。**常作如是信**，勿懷疑慮。即是發入理菩提心，故此心即是得戒，**戒品已具足**。一念信心，萬惑俱遣，防非止惡，盡在於斯；何待遮難重詢，羯磨三舉，然後為戒乎？戒唱善來，即成沙門。《無垢稱經》云：發菩提心，即是出家，即是具足成比丘性，此之謂也。

後、六句能受有情，勸眾普受。

一切有心者，凡諸有心，皆有佛性，有佛性故，堪為道器。**皆應攝佛戒**，即下文但解法師語，盡受得戒。**眾生受佛戒，即入諸佛位**，蓋心外無佛心，地外無佛地，今則眾生既受諸佛心地法

位同大覺已，
真是諸佛子。

大眾皆恭敬，
至心聽我誦。

戒，豈不即入諸佛位耶？**位同大覺已，真是諸佛子**。如王子，決當作王，佛子有三：（一）外佛子，為諸凡夫，未曾入道，未曾紹隆佛種，故名外子。（二）庶佛子，謂二乘人但稟小乘教法生於法身，不從如來大法中生，名為庶子。（三）真佛子，謂大乘菩薩稟受如來大乘戒法，生於法身，故稱真是諸佛子。

結、二句開許廣說，結勸誡聽。

大眾皆恭敬，國王、王子、百官、宰相，及比丘、比丘尼、優婆塞、優婆夷，乃至天龍八部，凡聖同會清淨之眾，**至心聽我誦**。佛自重戒，故敕大眾至心，今誦戒於千載之下，可不如對佛面，如聞佛語乎？恭者外肅，敬者內虔，內外精勤，是名至心。〈心地戒品〉，若非至心，何由得入？

爾時釋迦牟尼佛，初坐菩提樹下，成無上正覺已，初結菩薩波羅提木叉。孝順父母、師、僧、三寶，

〈二〉正結戒品

一、經家敘說

爾時釋迦牟尼佛，**初坐**意顯成道不久，**菩提樹下**在摩伽陀國，於此樹下有金剛座，賢劫千佛皆於此座成等正覺，**成無上正覺已**，**初結菩薩波羅提木叉**。頓制五十八事，不同聲聞隨犯隨結。論理，有關機宜。論事，凡有三義：一者、大士深信，頓聞不逆。二者、大士不恆侍左右，不得隨事隨白。三者、舍那為妙海王子授菩薩戒，即頓說此五十八條，古制應爾。**孝順**，萬行中最勝。**父母**，生育恩。**師**，訓導恩。又即本師和尚，乃法身父母，以我法身由師誨戒之力而生，又有三師七師，皆有教誨之恩。**僧**，有同學、同見、同行，皆有成人之德。**三寶**，救護之恩。

《合註》云：父母生我色身依之修道，師僧生我戒身由之成

孝順至道之法，孝名為戒，亦名制止。佛即口放無量光明，

佛，三寶生我慧命成就菩提；故一一須孝順也。約法，方便為父，智度為母，不離深義以為和尚，自心覺悟名佛，自心理體名法，理智一如名僧，如理作意觀察名孝，如理證入無背名順也。

由斯**孝順**，決至無上大道，故下句云：**至道之法**。孝順深因至極之道，乃趣無上佛果之法，**孝名為戒**，戒即是孝。眾生皆吾父母，不殺、不盜是即為孝，戒從孝順心中流出。**亦名制止**，以有孝順心自不作惡故，止即是遮。

佛即口放無量光明，標出心地戒法瑞應。欲說大事，故放勝光廣召有緣同來聽也。口放者，一表此戒金口敷揚，二表受者從佛口生。

此經放光共有六處：

（一）釋迦身放慧光，即果明因。

（二）玄主身放金剛白雲色光，即因顯果。

是時百萬億大眾、諸菩薩、十八梵天、六欲天子、十六大國王，合掌至心，聽佛誦一切諸佛大乘戒。

（三）舍那身放虛空光體性，明因果不二。

（四）舍那付授放光，光中召告，即明佛佛受持皆此行故。

（五）佛佛放光，光光化佛，現花供佛，以明必修本因，方得果故。

（六）即今口放無量光明。說諸菩薩（心地戒品），正明佛佛親口宣傳，畢竟要依心地戒光為修行勝因，然後得證心地戒光之勝果也。

下文總標戒光所攝之眾。**是時百萬億**有緣**大眾**、**諸菩薩**三十心、十地位、**十八梵天**別指色界、**六欲天子**別指欲界、**十六大國王**，**合掌**身業肅恭身儀不慢，**至心**意業專精，住念不散。**聽**口業寂靜，攝耳諦聽，**佛誦一切諸佛大乘戒**。

佛告諸菩薩言：我今半月半月，自誦諸佛法戒，汝等一切發心菩薩亦誦，乃至十發趣、十長養、十金剛、十地，諸菩薩亦誦。是故戒光從口出，有緣非無因，故光。光非青黃赤白黑，非色非心、非有非無、非因果法。

是諸佛之本源，行

二、佛自敘說

佛告諸菩薩言：我今半月半月，白月表智德漸滿，黑月表斷德漸盡。**自誦諸佛法戒**，佛尚自誦，何況吾人？誦此戒法名為布薩。正云褒灑陀：褒灑，長養義；陀，淨義。言長養善法，淨除不善。此萬世誦戒立法之始。舉五位人：**汝等**（一）**一切發心菩薩亦誦**、（二）**乃至十發趣**、（三）**十長養**、（四）**十金剛**、（五）**十地**，**諸菩薩亦誦**。**是故戒光**無作戒體**從口出**，**有緣**，**非無因**，以佛說為緣，機感為因。師授為緣，菩提心為因。既有是緣，必有其因以致此緣。即性德為因，全性所起**故光**，自家本有戒光不可向外馳求。**光非青黃赤白黑**，此破外凡執情；**非色**此戒性非質礙，**非緣慮心**，非分別識；**非有**常見，**非無**斷見；**非因果法**，不墮權小有修有證之果。

非因果法有二義：一者、非世間之因果。二者、非因果，乃所

菩薩道之根本，是大眾諸佛子之根本。是故大眾諸佛子，應受持、應讀誦、善學。

佛子諦聽：若受佛戒者，國王王子、百官宰相、比丘比丘尼、十八梵天、六欲天子、庶民黃門、婬男婬女、奴婢、八部鬼神、金剛神、畜生，乃至變化人，但解法師語，盡受得戒，皆

以為正因正果也，**是諸佛之本源**，分三：（一）戒雖非果而能作果，**行菩薩道之根本**。（二）戒雖非因而能作因，**是大眾諸佛子之根本**。（三）吾人以戒為根本。下勸大眾習學，**是故大眾諸佛子，應受持**，領受堅持，**應讀誦**，口演經文，應**善學**躬行其事。聞而不受，則聽不關心。受而不持，則領已還失。持而不誦，則守愚不諳其詳。誦而不學，則空言終何所益。

佛子諦聽：若受佛戒者，國王王子，百官宰相，比丘比丘尼，十八梵天，六欲天子，庶民黃門，婬男婬女，奴婢，八部鬼神，金剛神，畜生，乃至變化人，形雖有別，性本無殊，**但解法師語，盡受得戒，皆名第一清淨者**。問：聲聞戒重難輕遮，稽防特甚。菩薩戒，婬賤鬼畜容納無遺，豈小果乃皆良器，大士反雜非人也耶？答：聲聞稟佛剃染，若不揀擇，恐損正法故。菩薩專主利生，若不兼容，化度有限故。後四十八輕中詳辨。

名第一清淨者。

佛告諸佛子言：有十重波羅提木叉，若受菩薩戒，不誦此戒者，非菩薩，非佛種子。我亦如是誦，一切菩薩已學、一切菩薩當學、一切菩薩今學。

已略說菩薩波羅提

肆、十重三聚淨戒

〈一〉總說三聚

初、說戒相貌

此承上言，既受佛戒，為成佛因地心，當誦佛戒，明佛戒行，為成佛果也。

佛告諸佛子言：有十重波羅提木叉，明所受戒本。**若受菩薩戒，不誦此戒者**，牒明違法之人**非菩薩**，**非佛種子**，斷定違法之過。**我亦如是誦**，舉自果以勸因人，下三句舉同因人以勸誦，**一切菩薩已學**、**一切菩薩當學**、**一切菩薩今學**。

我**已略說**聲聞戒，執身以墮限量，而菩薩戒持心離限量；今於無限量中表舉一二，故云已略說**菩薩波羅提木叉相貌**，本無形相，不妨有持戒者，得持戒之相貌；而毀戒者，獲毀戒之相貌。由

木叉相貌，應當學，敬心奉持。

持犯而表示，廣即十重四十八輕，略說即是孝順二字，若不敬心奉持，便非孝順矣。**應當學，敬心奉持。**

後、皆具三聚

三聚淨戒	轉三道	成三德	證三身
攝律儀戒——止持	苦	斷——法身	法——體大
攝善法戒——作持	業	智——般若	報——相大
攝眾生戒——利他	惑	恩——解脫	化——用大

即三般若
- 實相
- 觀照
- 方便

三誓願
- 願斷一切惡——以禁防為體，如日銷霜雪。
- 願修一切善
- 誓度一切眾生
  ——以勤勇為體
  - 如瓔珞莊嚴。
  - 如月清涼。

斷惡修善合為饒益有情戒

〈二〉別明十重

一、殺戒

第一殺戒，菩薩以大悲為體，最初制殺。聲聞以出苦為先，最初制婬。奪命為殺；《智論》：「佛語難提迦優婆塞，殺生有十罪，何等為十？一者、心常懷毒，世世不絕。二者、眾生憎惡，眼不喜見。三者、常懷惡念，思惟惡事。四者、眾生畏之，如見蛇虎。五者、睡時心怖，覺亦不安。六者、常有惡夢。七者、命終之時，狂怖惡死。八者、種短命業因緣。九者、身壞命終，墮泥梨中。十者、若出為人，常當短命。」《楞嚴》：佛告阿難，又諸世界六道眾生，其心不殺，則不隨其生死相續。汝修三昧，本出塵勞，殺心不除，塵不可出。縱有多智，禪定現前，如不斷殺，必落神道，故戒之也。《華嚴》：「殺生之罪，能令眾生墮於地獄畜生

佛言：若佛子！

若自殺、教人殺、方便殺、讚歎殺、

餓鬼。若生人中得二種果報，一者短命，二者多病。」

初、正明殺事，即攝律儀戒。

成「斷德」，證「法身佛」。**佛言：若佛子！**「總」有二義：（一）從佛法生。謂發菩提心，受菩薩戒，得佛法分，名為佛子。如人從父母生，得彼體分，名為人子。此則佛為能生，子是所生。（二）子是因義。以修佛行，能生佛果，名為佛子。如種子生果等；此即子是能生，佛是所生，從果為名。此二皆佛之子故，依主釋。何耶？若不從佛生，無以成佛。無不從此法身流，無不還證此法身。「別」有五義，《攝論》：（一）方便為父、（二）般若為母、（三）禪定為胎、（四）慈悲為養育、（五）信樂大乘為種子。今經中約入大乘，發菩提心，受菩薩戒，即名佛子。

若自殺身業、**教人殺**口業、**方便殺**意業、**讚歎殺**心口同造、**見作隨喜**意業，**乃至咒殺**。**殺因**、**殺緣**、**殺法**、**殺業**。以輕況

見作隨喜，乃至咒殺。殺因、殺緣、殺法、殺業。乃至一切有命者，不得故殺。

是菩薩應起常住慈悲心、孝順心，方便救護一切眾生。

而反自恣心快意殺生者，是菩薩波羅夷罪。

重，**乃至一切有命者，不得故殺**。

中、正明戒所當持，即攝善法戒。

智顯慧開名「智德」，果證「報身佛」。**是菩薩應起常住慈悲心**，視眾生如兒女**孝順心**，視眾生如父母**方便救護一切眾生**，即饒益眾生戒。名「恩德」，證「應、化身佛」。

後、舉不持之過。

而反自恣心快意殺生者，結不持之罪，**是菩薩波羅夷罪**。

此云棄罪，犯則永棄佛海之外故。亦云極惡，當墮惡道故。又云他勝處，有三：（一）約法，以持戒為自，毀戒為他，若專精不犯，則自勝於他；若破其根本，即他勝於自。（二）約業，魔業為他。（三）約報，謂墮不如意處為他。《律》云：「聲聞人作人想得波羅夷，非人人想但偷蘭遮。菩薩不爾；但於有命故意殺生皆波羅夷。」三德身相，總在三業六根，斷惡修善而得成就，是名菩薩波羅提木叉；反此即波羅夷，下同此。

若佛子！自盜、教

二、盜戒

第二盜戒，壞檀度（布施度），自貪中來，三毒之首。施攝六度，廣濟群生；盜正壞檀，二利俱喪。《大集經》三十二云：「若四方常住僧物、現前僧物、篤信檀越重心施物、或華菓等諸物，一切所須，私自費用，或持出外，乞與知識親里白衣；此罪重於阿鼻地獄所受果報。」《方等經》華聚菩薩云：「五逆四重我亦能救，盜僧物者我所不救。」《大集經》云：「盜僧物者，罪同五逆。」《觀佛三昧經》云：「用僧祇物者，過殺八萬四千父母等罪。」「迦葉佛時，有比丘田中行，見穀甚好，取七粒穀安著口中，生墮牛中，以身償之。」《智論》云：「以盜五六粒粟故，後受牛形五百身已，修道得羅漢果，猶自牛呞。牛呞比丘是也。」

初、攝律儀戒。

若佛子！自盜、教人盜、方便盜假設方便善巧而取、**咒盜**

人盜、方便盜、咒盜。盜因、盜緣、盜法、盜業。

乃至鬼神有主、劫賊物，一切財物，一針一草，不得故盜。

而菩薩應生佛性、孝順心、慈悲心，

使彼自然而與。**盜因**無始熏習賊貪種子是、**盜緣**、**盜法**、**盜業**。自作為因，教他為緣，方便為法，事畢為業；因緣法三事俱備，任運成盜。約「所盜」：謂他人用功為得財之因，枉奪其功，故名盜因。又如密作隱其少功，枉取多直，皆盜彼財因。他人應得財，破壞令其不得，盜彼財緣。受學法術不與其直，名為盜法。侵損產業，故云盜業。約「能盜」：（一）自為賊，（二）助賊為伴，（三）設諸方法，（四）家為賊業。

約具緣：（一）內有盜心，（二）外乏資具，（三）施功造趣，（四）舉離本處。**乃至鬼神有主**，**劫賊物**。下以輕例重**一切財物**，**一針一草**，**不得故盜**。

中、攝善法戒。

勸其當行**而菩薩應生佛性**心，一**孝順心**，二**慈**心、三**悲心**。

上四心即菩薩本行四心；初一緣上位，尚須供養，何得有盜？後二

常助一切人生福生樂。

而反更盜人財物者，是菩薩波羅夷罪。

緣下位，尚須救濟，何容有盜？次依佛性起二心，謂生佛性之孝順，佛性之慈悲，以此二心雖緣上、下二類眾生，而常隨順本性平等，故云佛性，即同前戒常住二字。下句攝眾生戒，**常助一切人生福**令種樂因，**生樂**令得樂果。

後、舉不持之過。

而反更盜人財物者，結成**是菩薩波羅夷罪**。有三義：（一）違前斷惡，違後修善故制。（二）應益生而不益生犯攝生戒、應施不施犯攝善戒、不應盜而盜犯律儀戒；三戒具違，結為重罪。（三）應助人生福樂，而反盜生罪苦，故波羅夷。

若佛子！自婬、教人婬，乃至一切女人，不得故婬。婬因、婬緣、婬法、婬業。乃至畜生女、諸天鬼神女，及非道行婬。

三、婬戒

第三婬戒，無慈悲心。《楞嚴》：婬心不除，塵不可出。縱有多智禪定現前，如不斷婬，必落魔道，故戒之也。如寶蓮香生身墮入地獄。聲聞自婬方重，今則教他亦重。小乘自行方業道，大乘媒他亦業道。

初、攝律儀戒

一者標過總制。**若佛子！自婬**、**教人婬**、**乃至一切女人**，**不得故婬**。二者示過相。**婬因**、**婬緣**、**婬法**、**婬業**。有四釋：

（一）約能釋，因者，內起染心邪思惟等。緣者，外畜脂粉等莊身令染。法者，作恣態等，又說豔言詞，及施設婬事方法。業者，以婬為家業。（二）約所釋，因者正道處，緣者摩觸等，法者對法等，業者令他動作以成業。（三）約通釋，因者內起貪心，緣者外境現前，法者造趣方便，業者正犯結業。（四）約自他作釋，因者

而菩薩應生孝順心，救度一切眾生，淨法與人。而反更起一切人婬，不擇畜生，乃至母女姊妹、六親行婬，無慈悲心者，是菩薩波羅夷罪。

自作也，緣者助他成。法者說法教他，業者自他業成。**乃至畜生女、諸天鬼神女、及非道行婬**。通下論有十種：一畜，二天，三鬼，四神，五人，六六親，七姊妹，八己女，九母，十非道。

中、攝善法戒。

而菩薩應生孝順心敬上，**救度一切眾生**愍下，起慈悲心**淨法與人**，授與淨戒。

後、舉不持之過。

而反更起一切人婬，不擇畜生，乃至母女姊妹、六親行婬，無慈悲心者，是菩薩波羅夷罪。於中有四重：一不作前益已乘正行，二況更起惡法加人，三況貪欲熾盛不擇禽獸，四況於母等。

四、妄語戒

第四妄語戒，虛偽不實。不妄易解脫故。《十地經》云：妄語之罪亦令眾生墮於地獄畜生餓鬼。若生人中得二種果報：一者多被誹謗。二者恆為多人所誑。彼論云：復次實語之人，其心端直，易得免苦。譬如稠林曳木，直者易出也；妄語者，法不入心故。彼論云：復次，佛子羅雲，其年幼稚，未知慎口，人來問之：「世尊在不？」詭言：「不在。」若不在時，人問羅雲：「世尊在否？」詭言：「佛在。」有人語佛，佛語羅雲：「澡盤取水與吾洗足。」洗足已，語羅雲：「覆此澡盤。」如敕即覆。佛言：「以水注。」注已，住！問言：「水入中否？」答言：「不入。」佛告羅雲：「無慚愧人，妄語覆心，道法不入，亦復如是。」又妄語能開諸過之門。謂殺盜等過，皆由妄語而助成故。

《智論》十三，佛說妄語有十罪：一者口氣臭。二者善神遠

若佛子！自妄語、教人妄語、方便妄語。妄語因、妄語緣、妄語法、妄語業。乃至不見言見、見言不見，身心妄語。

之，非人得便。三者雖有實語，人不信受。四者智人謀議，常不參豫。五者常被誹謗，醜名遠聞。六者人所不敬，雖有教敕，人不承用。七者常多憂愁。八者種誹謗業因緣。九者身壞命終，當墮地獄。十者若生為人，常被誹謗。

初、攝律儀戒。

若佛子！自妄語、**教人妄語**、**方便妄語**。**妄語因**、**妄語緣**、**妄語法**、**妄語業**。自作為因，教他為緣，方便名法，事成為業。又內起誑心，外為所規，巧説妄法，常作為業。此四名別犯。又此四合為一犯可知。**乃至不見言見**，**見言不見**，**身心妄語**，所成妄語有三業。初語業，但六識於六境各成妄語，今但論眼見略餘，故云乃至。身妄語者，如律中有問誰得羅漢果者起，著脱僧伽梨；有非羅漢，應言著脱。雖不發言，身成妄語。妄語者，謂虛誑心。

而菩薩常生正語、正見，亦生一切眾生正語、正見。而反更起一切眾生邪語、邪見、邪業者，是菩薩波羅夷罪。

中、攝善法戒。

而菩薩常生正語、正見，亦生一切眾生正語、正見。

後、舉不持之過。

而反更起一切眾生邪語、邪見、邪業者，是菩薩波羅夷罪。

上來四戒，大、小乘同犯，名為共戒。自下六種，小乘非重，名不共戒。

若佛子！自酤酒、教人酤酒。酤酒因、酤酒緣、酤酒法、酤酒業。一切酒不得酤，是酒起罪因緣。

而菩薩應生一切眾生明達之慧。

五、酤酒戒

第五酤酒戒，酒能障聖道，如伏龍比丘，醉伏吐地，蝦蟆口邊食吐。佛言：此人能伏毒龍，今乃不能伏蝦蟆也。

儀狄造酒，禹輒疏之。世法尚忌，況出世法乎？

救眾生命難時，為藥應開。又如末利夫人所作無犯。

初、攝律儀戒。

若佛子！自酤酒身行貨賣、**教人酤酒**其義有二：一謂教人造作貿易之語，二謂以本與他瓜分其利。**酤酒因**貪利之心、**酤酒緣**米麥工人等具、**酤酒法**醞釀麯糵、**酤酒業**以上三事和合。**一切酒**甘蔗、葡萄**不得酤，是酒起罪因緣**大論明有三十五失。

中、攝善法戒。

而菩薩應生一切眾生明達之慧。

而反更生一切眾生顛倒之心者，是菩薩波羅夷罪。

後、舉不持之過。

而反更生一切眾生顛倒之心者，是菩薩波羅夷罪。墮酒河地獄，是釀酒家罪。酒池地獄，是酤酒家罪。灌口地獄，是飲酒人罪。

若佛子！口自說出家、在家菩薩、比丘、比丘尼罪過，教人說罪過。罪過因、罪過緣、罪過法、罪過業。

而菩薩聞外道惡

六、說四眾過戒

第六說四眾過戒，既為菩薩，於同行友，無過不可謗訕。設彼有過，當以慈悲善言勸諭，令彼知過必改，懺悔為門。勿向人說，自辱法門。若師對徒，始則善誨，義同三諫。若不遵教，擯而絕之；不教悔罪戒中當廣明。

初、攝律儀戒。

若佛子！口自說出家、**在家菩薩**，**比丘**、**比丘尼罪過**，**教人說罪過**。**罪過因**無始以來惡口習氣、**罪過緣**謂彼少有形迹，可以藉口為緣、**罪過法**粧點罪過，巧取方便，欲取人信、**罪過業**三事和合，巧運成說。《十輪經》云：占蔔華雖萎，猶勝諸餘華。破戒諸比丘，猶勝於外道。

中、攝善法戒。

而菩薩聞外道惡人，**及二乘惡人**不知大乘妙用故**說佛法中**

人，及二乘惡人，說佛法中非法非律，常生慈心，教化是惡人輩，令生大乘善信。

而菩薩反更自說，佛法中罪過者，是菩薩波羅夷罪。

非法非律，常生慈心，教化是惡人輩，《大集經》云：不說己德，而起高心，不說他失，而起嫌心。**令生大乘善信**見彼少善，即便讚說。《涅槃經》云：為彼眾生全無善可讚，當念佛性之善而讚歎之，勿說其過，以自汙心。

後、舉不持之過。

而菩薩反更自說，佛法中罪過者，揀非外道罪過**是菩薩波羅夷罪**，入拔舌耕舌等地獄。如《不思議光菩薩經》中，饒財菩薩說賢天菩薩過故，九十一劫常墮婬女腹中，生生已棄之，為狐狼所食；一言之失，苦惱如是。

開緣：若慈心舉罪訶擯等，若因說彼惡行調伏等，若假王等力而方便調伏等，理應不犯。

若佛子！自讚毀他、亦教人自讚毀

七、自讚毀他戒

第七自讚毀他戒，菩薩常應於名聞起處、多利養處，則不居之，以傷害故。論云：利養如霜雹，能損功德苗。經云：利養交至，遠避三由旬外，況由讚毀非理得耶？制意有四：（一）乖正行故。（二）成大損故，自讚耗減善根，毀他便招罪業。（三）自讚壞他信心，毀他便不受化。（四）誤累眾生故。《善戒經》云：若菩薩為人所讚，言是十住阿羅漢等，默然受者得罪。據此，則受人讚亦不可，何況自讚而兼毀他耶？自讚若實，如婬女為一錢而現戲笑。若不實，自得大妄語。毀他若實，名為惡口，不實，復兼妄語，是所當戒。

初、攝律儀戒。

舉過正制。**若佛子！自讚毀他、亦教人自讚毀他。毀他因、毀他緣、毀他法、毀他業。**「約能」：貪慢等為「因」，名

他。毀他因、毀他緣、毀他法、毀他業。

而菩薩應代一切眾

利等為「緣」，巧設軌模成自揚陵彼之則為「法」，常作此事為「業」。「約所」：（一）不正讚毀，但說彼因，遂令自德顯揚，他人被毀，故云「因」也。（二）毀他種族等故云「緣」，自讚亦爾。（三）毀他所依法等故云「法」。（四）毀他所依業等故云「業」，自讚亦爾。合辨：一內因，二外境，三加毀，四成業，自讚亦爾。

開緣：自讚有三：（一）讚自所行之法，令他修學。（二）為令眾生未信者生信。（三）已信者增長。若實有此益，不雜貪慢，自讚無犯。毀他亦三：（一）毀邪道令歸正見。（二）毀執見令難著。（三）毀惡行令捨離。若不雜瞋慢應時有益，毀他不犯，不毀有罪。

中、攝善法戒。

勸其當行。**而菩薩應代一切眾生受加毀辱，惡事向自己，**

生受加毀辱，惡事向自己，好事與他人。
若自揚己德，隱他人好事，令他人受毀者，是菩薩波羅夷罪。

好事與他人。

後、舉不持之過。

若自揚己德，隱他人好事，非理違犯**令他人受毀者**，**是菩薩波羅夷罪**。自讚，如扇提羅等五人，四人在林間坐，一人於聚落唱云：林中有羅漢，遂大得供養。後墮地獄，備受眾苦，出已為人，與本施主作擔轝持穢器人等。毀他，如《謗佛經》中有十人毀謗辯積法師，此十人後墮地獄，經無量劫受拔舌等苦，後多生無目。

若佛子！自慳、教人慳。慳因、慳緣、慳法、慳業。而菩薩見一切貧窮人來乞者，隨前人所須，一切給與。

八、慳惜加毀戒

第八慳惜加毀戒。慳惜屬貪，加毀屬瞋，貪、瞋二法，由無智慧，即癡分攝。前自讚毀他以求名利，望未得之財，追求時過。今約已得屬己，慳悋不捨，貯畜時過。前粗此細。慳財餘報，生生貧窮。慳法餘報，世世愚鈍。當知不慳，即是無貪善根。

初、斷一切惡。

若佛子！自慳，教人慳。慳因鄙悋心、**慳緣**莊嚴方便、**慳法**示祕惜打罵等相、**慳業**前人領納。

中、修一切善。

而菩薩見一切貧窮人有二種：一身，二心，即財貧、法貧。**來乞者，隨前人所須**，龍樹云：菩薩身心如藥樹，**一切**雖取，根莖枝葉而不分別。一切乃至毒、刀、酒等，但有義利，一切施與**給與**。《律》云：見乞不施，有二不犯，一者如乞財作惡，乃害人

而菩薩以惡心、瞋心，乃至不施一錢、一針一草。有求法者，不為說一句一偈、一微塵許法。而反更罵辱者，是菩薩波羅夷罪。

害生命，不施不犯；二者如乞法已，還歸外道，助外道法，不說不犯，即加訶責，亦俱不犯。

後、違制成過。

而菩薩以惡心、瞋心，乃至不施一錢、一針一草。有求法者，不為說一句，一句威力，能出苦輪，是故法施，勝於財施。**一偈、一微塵許法。而反更罵辱者，是菩薩波羅夷罪**。

略辨十種報：（一）生餓鬼中，如目連母等。（二）或餘諸趣受苦，如疥癩野干，乃至無一毛可以覆身等。（三）於人中受貧窮苦困。（四）耗減損減宿世善根。（五）失於菩薩檀波羅蜜。（六）由慳法世世常受愚癡。（七）由匿法眼，恆無眼目。（八）由不施無畏，生生常懷恐怖。（九）恆為怨家而得其便。（十）令三檀六度俱不成。

若佛子！自瞋、教人瞋。瞋因、瞋緣、瞋法、瞋業。而菩薩應生一切眾生善根，無諍之事，常生慈悲心、孝順心。而反更於一切眾生

九、瞋心不受悔戒

第九瞋心不受悔戒。一念瞋心起，八萬障門開。障菩提心，障菩提願，燒滅宿世善根，能結大怨，累劫難解，失大悲心故。

初、**攝律儀戒**。

明瞋事。**若佛子**！**自瞋**自己之恨發為瞋怒、**教人瞋**，有三：一者、借他瞋彼以雪己恨。二者、教他瞋彼於中取利。三者、是他人之所恨，使其兩相瞋害於中取樂，令二家不得解脫。**瞋因**、**瞋緣**、**瞋法**、**瞋業**。前人領解。

中、**攝善法戒**。

修一切善。**而菩薩應生一切眾生**中**善根**心地平等**無諍之事**，**常生慈悲心**視眾生如兒女、**孝順心**觀眾生如父母。

後、**違制成過**。

而反更於一切眾生中，**乃至於非眾生中**即佛菩薩或變化人，

中，乃至於非眾生中，以惡口罵辱，加以手打，及以刀杖，意猶不息；前人求悔善言懺謝，猶瞋不解者，是菩薩波羅夷罪。

以惡口罵辱口業不善，**加以手打**身業不善，**及以刀杖，意猶不息**意業不善；**前人求悔善言懺謝，猶瞋不解者**，即上違佛教、下乖接引、中失本心，**是菩薩波羅夷罪**。

對治：思惟一切眾生從無始以來，皆曾為我父母親屬，是故但應生慈心孝心，何得有瞋而加打罵？不犯者，如無厭足王，具此三毒，乃真菩薩行也。《華嚴》：瞋恚罪，上者地獄因，中者畜生因，下者餓鬼因。若生人中得二種報，一者常為他人求其長短。二者常為他人所惱害；身常醜陋，人不喜見。

若佛子！自謗三寶、教人謗三寶。謗因、謗緣、謗法、謗業。

而菩薩見外道，及以惡人，一言謗佛音聲，如三百矛刺心。

十、謗三寶戒

第十謗三寶戒。破壞信心，滅法眼故。為大邪見，斷善根故。作諸眾生惡知識故。背恩德，惡中極故。

初、攝律儀戒。

若佛子！自謗三寶，教人謗三寶。謗因邪見心、**謗緣**邪說方便、**謗法**言說著述等、**謗業**前人解。

中、攝善法戒。

而菩薩見外道，及以惡人，一言謗佛音聲明所聞少，**如三百矛刺心**明痛切多。

問：《華嚴》云：菩薩聞讚佛毀佛，於佛法中心定不動；云何此中乃云如三百矛刺心？答：四類眾生。一者、聞毀佛生喜，以邪見故。二者、無喜無憂，以佛法外人故。三者、聞已生痛，以是初心弟子故。四者、聞已無憂無喜，以是不退菩薩故。知佛功德不可

況口自謗，不生信心、孝順心，而反更助惡人、邪見人謗者，是菩薩波羅夷罪。

毀故，毀所不到故。彼經據不退位，此文約初心，故不同也。若是初心強同後位，而不復痛者，是愚惡人，順本惡見，忍受此事，故不可也。

後、違制成過。

況口自謗，不生信心、孝順心，而反更助惡人、邪見人謗者，是菩薩波羅夷罪。同五逆墮阿鼻地獄，後生人中，常盲無目。

善學諸仁者！

是菩薩十波羅提木叉，應當學。於中不應一一犯如微塵許，何況具足犯十戒。

若有犯者，不得現身發菩提心，亦失國王位、轉輪王位，亦失比丘、比丘尼位，

亦失十發趣、十長

〈三〉總結十重

總結十重得失之相，勸堅奉持分五：

（一）舉人讚德。**善學**，善持此戒人，具足慈悲孝順之德，故稱善學。揀外道諸不善學，及以二乘不究竟學。**諸仁者**。

（二）舉法以明戒法，當持不應毀也。**是菩薩十波羅提木叉，應當學**。**於中**如護浮囊，**不應一一犯如微塵許**，**何況具足犯十戒**。

（三）明毀戒之過失，假設斷定犯戒，得失之相。**若有犯者**，**不得現身**，他生則未可知，**發菩提心**。即是清淨光明金剛寶戒妙覺心。**亦失國王位**、**轉輪王位**、世間尊貴，亦由戒得故**亦失比丘**、**比丘尼位**。出世間高尚亦由戒得，上四通凡小。

下五失大乘位**亦失十發趣**、**十長養**、**十金剛**、**十地**，上四位

養、十金剛、十地，佛性常住妙果，一切皆失。

墮三惡道中，二劫三劫不聞父母、三寶名字，以是不應一一犯。

汝等一切諸菩薩今學、當學、已學，如是十戒應當學，敬心奉持。八萬威儀品當廣明。

因。下一是果，**佛性**法身果，**常住**通報化，**妙果**妙行所成報身，**一切皆失**。因亡故，失果利也。戒如大地，萬善從生，今無其地則佛聖種無可安處。佛種未植，佛芽何生？故云一切皆失。

問：既福慧因果，一切寶位皆失，未審此人復居何地？答：下文云：「**墮三惡道中，二劫三劫，不聞父母、三寶名字**。」顯世出世間無能救也。父母慈育之深，三寶救護之極，在彼受苦，不聞此名，明無救也。雖出惡趣，生邊地下賤，二劫三劫不聞三寶名。永無解脫之日，**以是不應一一犯**。

（四）勸生生學持，不可忘也。**汝等一切諸菩薩今學**、**當學**、**已學**，**如是十戒應當學**，**敬心奉持**。

（五）引廣以明略。〈**八萬威儀品**〉**當廣明**。

第三篇

十門四十八輕

佛告諸菩薩言：已說十波羅提木叉竟，四十八輕今當說。

若佛子！欲受國王位時、受轉輪王位時、百官受位時，

伍、四十八輕戒

〈一〉護自心念門

一、不敬師友戒

佛告諸菩薩言：已說十波羅提木叉竟，四十八輕今當說。

第一不敬師友戒，外威儀，於懦逸處制輕慢故。自謗三寶中分出。既創得戒，理須從師受教，若懷輕慢，教授無由，故須先制。此條唯遮不開，或方便令調伏，亦得名開。

初、舉人以明其位。

若佛子！欲受國王粟散等，**位時**，**受轉輪王**金、銀、銅、鐵統攝四、三、二、一天下主也，**位時**，**百官**以有爵位者，易生憍慢，故偏舉王及百官**受位時**。

應先受菩薩戒。一切鬼神救護王身、百官之身，諸佛歡喜。

既得戒已，生孝順心、恭敬心，

見上座、和尚、阿闍黎、大德、同學、同見、同行者，應起承迎禮拜問訊。

次、明福慧二位。

基本**應先受菩薩戒**，感**一切鬼神**、**救護王身**、**百官之身**，**諸佛歡喜**。所以先受菩薩慧戒，後受王臣福位，獲鬼神救護，諸佛歡喜。

中、明受戒者，染法獲益當酬恩也。

既得戒已，**生孝順心**，**恭敬心**。《金光明經》云：若國王受菩薩戒，廣行十善法，教化眾生者，身心快樂，永無三災，遠離八難，國界安寧人民安樂。如此利益，若非師友教誡，何由能得？是故應當知恩報德，生孝順心，敬重戒師。

下正明孝順恭敬之義。**見上座**，《毘婆沙論》云，上座有三：一者生年上座，即尊長耆舊是。二者世俗上座，即知法大、財大、位大、族大、力大眷屬是。三者法性上座，即阿羅漢果位是也。**和尚**、**阿闍黎**軌範師，教授法則故。**大德**、**同學**、**同見**、**同行者**，而菩薩反生憍心、慢心、癡心、瞋心，不起承迎禮拜，一一不如法供養，以自賣身、國城男女、七寶百物，而供給之，若不爾者，犯輕垢罪。

應起承迎禮拜問訊。若病應起，若無力應承迎，若健時應禮拜。又初起、次迎、後禮。

後、明背恩忘本者以結犯。

而菩薩反生憍心傲己、**慢心**輕他、**癡心**見賢不親，見聖不敬。憍慢翻前恭敬；癡，翻前孝順。又於上不敬曰憍，於等自大名慢，具作前二名癡，此三是違行之心。不起承迎等，是違行之相。**瞋心**恨彼師友嚴訓，上屬意業；下屬身業，**不起承迎禮拜**；不問訊起居，屬口業。**一一不如法供養**，既為佛子應當重法輕財，**以自賣身**如常啼菩薩、世尊為半偈捨全身，乃至身燃千燈。**國城男女**、**七寶百物**，**而供給之**，**若不爾者**，**犯輕垢罪**。揀前重戒名輕，揀異無犯名垢。又黷汙清淨名垢，理非過重稱輕。此罪比前十重僅減一等，非輕細之謂也。

若佛子！故飲酒，而酒生過失無量。

若自身手過酒器，

二、飲酒戒

第二飲酒戒，於放逸處斷酒過故。前離外儀不敬，今則內無昏亂，故次明也。酒為昏狂之藥，重過由此而生，《智論》有三十五失，故須制也。《律》云：飲酒之人，墮燒煮地獄中五五百世，初五百世在鹹糟地獄中，二五百世在沸屎地獄中，三五百世在曲蛆地獄中，四五百世在蠅蚋地獄中，五五百世墮在癡熱無知地獄中。

若佛子！故飲酒，而酒生過失無量。《四分律》第十五，佛語阿難，凡飲酒有十過失，何等為十：一者顏色惡，二者力劣，三者眼視不明，四者現瞋恚相，五者壞田業資生法，六者增致疾病，七者益鬥訟，八者無好名稱，惡名流布，九者智慧減少，十者身壞命終墮於惡道；又娑伽陀比丘，先時能伏毒龍，後由飲酒不能伏蝦蟆等。

若自身手過酒器，與人飲酒者，五百世無手，何況自飲。

與人飲酒者，五百世無手，何況自飲。亦不得教一切人飲，及一切眾生飲酒，況自飲酒，一切酒不得飲。若故自飲、教人飲者，犯輕垢罪。

亦不得教一切人飲，及一切眾生飲酒，況自飲酒，一切酒楊梅、棗子、甘庶、葡萄等酒，**不得飲。若故自飲、教人飲者，犯輕垢罪。**

若佛子！故食肉，一切眾生肉不得食。夫食肉者，斷大慈悲佛性種子，一切眾生見而捨去，

〈二〉護他心行門

三、食肉戒

第三食肉戒。前離昏亂之飲，今離損命之食。菩薩理應捨自身肉，以濟物命，何容反食眾生之肉，違害之甚也。若強言大事已明，而食肉無礙者，則飲鎔銅熱鐵亦無礙也。

若佛子！故食肉，故字對權設而言，昔佛在世時，年逢饑饉，草菜不生，佛神力故，以五指端化五淨肉，實非生血，一時權現，安有實是眾生身肉者為佛子而故食乎？**一切眾生肉不得食**。

夫食肉者，斷大慈悲佛性種子，〈行願品〉云：一切眾生是為樹根，諸佛菩薩而為花果，以大悲水饒益眾生，則能成就諸佛菩薩智慧花果。今佛樹根既失，則佛花果又從何處生耶？有自他二義：斷自己成佛因種，又斷眾生佛性種子。**一切眾生見而捨去**，殺氣

是故一切菩薩，不得食一切眾生肉，食肉得無量罪。若故食者，犯輕垢

相迎，毒於戎狄。如鷗去海翁機，鴿搖羅漢影（捨去者，驚其殺心而遠離也）。如旃陀羅，狗見驚吠；蠶口獸毛，亦所不忍。《鴦掘經》云：若絲綿絹帛，輾轉傳來，離殺者手，施於比丘，亦不應受，受者非悲也。

是故一切菩薩，不得食一切眾生肉，食肉得無量罪。畜生見食肉人，頭上有血光，念云：我身有肉，彼人食肉，彼若得我，要當食我；我遂怕怖而走。《楞伽經》云：有無量因緣故，不應食肉，為一切眾生從本以來，常為六親故。不淨氣分所生長故，眾生聞香悉生恐怖。如旃陀羅及譚婆等，狗見驚吠故、令修行者慈悲不生故、令諸咒術不成就故、諸天所棄故、令口氣臭故、夜多惡夢故，乃至空閑林中虎狼聞香故。不犯者，如誌公食鴿，濟公募裝佛金，是真無礙。

若故食者，犯輕垢罪。死墮叫呼地獄，依《智論》食肉得殺

罪。

生罪，以見殺生忍可故。如云：「肉非自然生，皆由斷命得，若人不斷肉，是即劫命賊。」《楞嚴》：食肉之人，縱得心開，似三摩地，皆大羅剎。云何食眾生肉名為釋子？又云死死生生，互來相噉，惡業俱生窮未來際。又云殺彼身命，或食其肉，如是乃至經微塵劫，相食相誅，猶如轉輪，互為高下，無有休息。

若佛子！不得食五辛：大蒜、茖葱、慈葱、蘭葱、與渠。是五辛，一切食中不得食。

若故食者，犯輕垢罪。

四、食五辛戒

第四食五辛戒，前食有命之身分，今則犯無命之熏悖，故次來也。菩薩理應香潔自居，反食熏穢臭氣熢焞，令賢聖天神捨而不近，故須制也。病非蒜等不愈，須處別室僻靜處食之，不得入佛塔僧堂，不得入僧俗室，俟七日後，沐浴浣衣香熏入眾。

若佛子！**不得食五辛**：**大蒜**、**茖葱**薤、**慈葱**、**蘭葱**小蒜、**興渠**芸薹。**是五辛**熟食發婬，生噉增恚。有五不應食：一生過，二天遠，三鬼近，四福消，五魔集。《西域記》云：「家有食辛之人驅令出郭。」是故**一切食中不得食**。相雜佐用亦不可，單食更不可。

《楞嚴》：是五種辛，熟食發婬，生啖增恚，縱能宣說十二部經，十方天仙嫌其臭穢，咸皆遠離，諸餓鬼等，舐其唇吻，福德日銷，長無利益。修三摩地，善神不護，魔王得便，命終自為魔王眷屬，受魔福盡，墮無間獄，即具五失。**若故食者，犯輕垢罪。**

若佛子！見一切眾生犯八戒、五戒、十戒、毀禁，七逆八難，一切犯戒罪，應教懺悔。

五、不教悔罪戒

第五不教悔罪戒，前自潔其身，今則不與穢行同居故也。理應舉過示人，令其懺洗，自無五德，他不從者，理通無犯。《菩薩善戒經》：為師不能教訶弟子，則破佛法，必墮地獄。又《優婆塞戒經》云：寧受惡戒，一日中斷無量命根，終不養畜弊惡弟子，不能調伏。

初、對緣正制。

若佛子！見一切眾生犯八戒、**五戒**、**十戒**、**毀禁**，總明犯一切戒，即毀三世諸佛明禁。**七逆**見在下文。**八難**，乃犯戒果報，一地獄，二畜生，三餓鬼，四盲聾瘖瘂諸根不具，五生邪見家，六佛前佛後，七北洲，八無想天，**一切**若大、若小、若重、若輕**犯戒罪**，上對緣。下正制，**應教懺悔**自利利他。

而菩薩不教懺悔，同住同僧利養，而共布薩，一眾說戒。

而不舉其罪，不教悔過者，犯輕垢罪。

中、違制結犯。

有三同：一處同而**菩薩不教懺悔**，**同住**，二利同及食同**同僧利養**，三法同**而共布薩**，正音補殺多，此云淨住，謂三業光潔名淨，即戒無毀也。與眾和合名住，即法、利無二也，**一眾說戒**。

後、下結犯。

而不舉其罪，**不教悔過者**，**犯輕垢罪**。輕過但訶，中過須罰，重過須擯。皆以慈心，不以瞋恚；知時，不以非時。《大涅槃》云：若善比丘見壞法者，置不訶責，驅遣舉處，是人佛法中怨。若能責遣，當知得福無量，不可稱計。《薩婆多論》云：受具戒人，不堪教悔者，驅出。

若佛子！見大乘法師、大乘同學、同見、同行，來入僧坊舍宅城邑，若百里千里來者。

〈三〉仰修佛法門

六、不供給請法戒

第六不供給請法戒，前則於失者不教悔，今則於得者不敬請也。諸佛所師者法，菩薩理應敬人重法，滅身求請，而反露踞傲，輕慢人法，失道之甚，故須制也。

初、標明可供之師友。

先序來。**若佛子！見大乘法師**揀非小乘獨善，乃是具大信解，發大道心，趨大道果，智悲雙運自利利人之明師。**大乘同學**同稟受大乘心地戒學，**同見**解勝，究竟實相心地戒見，**同行**行勝，同一菩薩心地戒法，清淨梵行，**來入僧坊**約出家，**舍宅**約在家，**城邑**約王侯，**若百里千里來者**。

即起迎來送去、禮拜供養；日日三時供養，日食三兩金，百味飲食，床座醫藥，供事法師，一切所須盡給與之。

常請法師三時說法，日日三時禮拜，不生瞋心、患惱之心，為法滅身，請法不懈。

中、明應修福。

是為滿檀波羅蜜，應供養以修福。**即起迎來送去**、**禮拜供養**；重法情深，於人極敬。良由末代說法之師，替如來處，故令尊重，極至供養。《攝論》云：「若人戒足雖羸劣，而能說法利多人，如佛世尊應供養，受彼所說故相似。」又《謗佛經》云：「有人謗辯積法師，即為謗佛；供養法師，即為供養佛等。」**日日三時供養**得大福報，**日食三兩金**金剛心口意，**百味飲食**三藏十二部法食，**床座醫藥**幻藥治幻身，**供事法師**，**一切所須盡給與之**。

下、請法修慧。

是為般若波羅蜜，應請法以修慧。**常請法師三時說法**，表口業虔誠。**日日三時禮拜**請法威儀，表身業虔誠。**不生瞋心**於請法開示中，不瞋師友規矩嚴訓尊高，表意業虔誠。**患惱之心**，於供養中不患繁費，**為法滅身**，**請法不懈**。總申上義以勸，真為法者，

若不爾者，犯輕垢罪。

尚不惜此身命，何況資具而不供養。真為求解脫道，當捨不堅固身，易金剛不壞身；捨不真實世命，易法身智慧命。如佛因中身為牀座，布髮掩泥，半偈燃燈，種種苦行。

後、結犯。

若不爾者，犯輕垢罪。不請則失聞熏益，障智慧種，請則常能不離正法。

七、懈怠不聽法戒

第七懈怠不聽法戒，前則通請大法，今則別聽毘尼。承前，不但師來我所，乃供養聽法，但有說法處，應當至彼聽受，不可懈怠也。懈怠，即八大隨之一，由此懈怠即生放逸，放逸即失念，失念則多散亂，散亂即不正知，不正知則生愚癡，造諸惡業。所以始由懈怠不聽，終則無惡不造，故必往聽。否則，即是慢法。

開緣：有病年老，足力難行、或所說者，是常所聞、或自具大智慧，具大辯才、或修深禪大定、或知彼所說者是外道法；此不往聽，俱為不犯。除此，於四十里內，若不至彼聽受法者，輕垢罪。

問：《華嚴》頌曰：「譬如貧窮人，日夜數他寶，自無半錢分，多聞亦如是。」答：彼但為遮以聞為究竟，不遮「多聞聖慧本」。

開緣：《優婆塞戒經》：謂相去一由旬不犯。則知出家制遠，

若佛子！一切處，有講法毘尼經律，大宅舍中有講法處，

是新學菩薩，應持經律卷，至法師所，聽受諮問。若山林樹下、僧地房

在家制近。蓋出家者以聽法為事，憚遠不往，是慢法故。在家者世法拘身，遠聽不能，亦非慢故。

初、舉勝。

若佛子！一切處，有講法軌持**毘尼**正云調伏，謂調治三業，降伏六根，滅一切惡，生一切善。亦云善壽，謂毘尼住世，即佛法住世；毘尼若滅，佛法即滅也。法毘尼是所詮，經律是能詮。謂經詮法，律詮毘尼。**經**化教、**律**制教，經中攝律，律中攝經，經詮性相理，律止性遮業，二義俱含，故云毘尼經律。**大宅舍中有講法處**。

中、對緣正制。

先約法制聽，**是新學菩薩，應持經律卷，至法師所，聽受諮問**。後約處制往，**若山林樹下、僧地房中，一切說法處，悉至聽受**。《瑜伽》頌言：「多聞能知法，多聞能遠惡，多聞捨無

中，一切說法處，悉至聽受。若不至彼聽受諮問者，犯輕垢罪。

義，多聞得涅槃。」

後、故違結犯。

若不至彼聽受諮問者，犯輕垢罪。童子南詢百郡，衲僧遍歷千山，乃至投子三登，洞山九上。竄身伍隊，行腳八旬，剋志參師，忘身問道，比比然也。惜乎以此為訓，猶有法音交於咫尺，而若罔聞；聖迹現於比鄰，而不及見者，哀哉！

若佛子！心背大乘常住經律，言非佛說，

而受持二乘聲聞、外道惡見、一切禁戒、邪見經律者，犯輕垢罪。

八、背大向小戒

第八背大向小戒，前雖離慢勤學，而或心墮二乘，故次制。今專習大乘也，蓋小乘是斷佛種性，障菩提道因緣，故戒之也。昔天親造五百論，讚小斥大，後遇無著，悔悟己過，欲自截舌，無著教令以舌還讚大乘。天親受教，刻心向大，卒成聖果。

初、背大。

若佛子！**心背**明非口說，是內自評論，若有謗聲，屬第十重。**大乘常住經律**，三世諸佛，同說同行，更無改易。**言非佛說**。

後、向小。

而受持二乘聲聞墮二乘地、**外道惡見**墮外道中。或總撥一切佛所說法，此是外道惡見。或唯撥大乘，不非小教，是二乘惡見。

一切禁戒或外道雞、狗等戒，或小乘乖大之戒。或**邪見**所詮，

經律能詮**者，犯輕垢罪**。計外，成邪見，墮三塗。計小，障大菩提。

若佛子！見一切疾病人，常應供養，如佛無異，八福田中，看病福田是第一福田。若父母、師僧、弟子病、諸根不具，百種病苦惱，皆供養令差。

〈四〉救護眾生門

九、不看病戒

第九不看病戒，前背上勝法，今則捨下病苦，故次制也。又前則於法有背，今則於生不濟，故次制。菩薩以大悲為體，拔苦為用，故如來大聖尚躬瞻病苦，況其餘類而不瞻救？

初、舉緣制行。

若佛子！見一切疾病人，常應供養。不作救濟，而言供養者，以具此供養心念，自然看病，心田得恆久也。**如佛無異**申明供養義。**八福田中**：一諸佛，二聖人，三父，四母，五和尚，六阿闍黎，七眾僧，八病人。**看病福田是第一福田**。八福田中，前七敬田，是病兼悲敬故第一；又八者惟病為悲田，能救苦患之因，自受安樂之果，故看病為第一福田也。**若父母、師僧、弟子病、諸根**

而菩薩以瞋恨心不看，乃至僧坊，城邑、曠野、山林道路中，見病不救濟者，犯輕垢罪。

不具，百種病苦惱，風寒暑濕，四百四病，舉略以該廣。**皆供養令差**。如月上女割乳房以濟產婦、毘尼母割肱肉以供病僧。昔巖老躬處癘坊，吮洗無忌、寬公輿歸病者，僧俗不分；可謂供養如佛無異。

後、故違結犯。

而菩薩以瞋恨心不看，或病時索求，或為弟子平時忤慢。下從疏況親，**乃至僧坊**約師僧弟子，**城邑**約父母等，**曠野**通一切病苦處，**山林道路中**，**見病不救濟者**，**犯輕垢罪**。

開緣：若自病，若新差，若遣人看，若與食與藥，若彼自有人，若彼病已差，如是無犯，反上皆犯。

若佛子！不得畜一切刀杖、弓箭、矛斧、鬥戰之具，及惡網羅；殺生之器，一切不得畜。而菩薩乃至殺父母，尚不加報，況殺一切眾生。不得畜殺眾生具，

十、畜殺具戒

第十畜殺具戒，前防自身不能濟病，今就依報不畜非器，故次制也。菩薩應畜截魔斬愛大智慧刀、勇猛杖、大勢弓、精進箭、忍辱甲、定刀慧斧，及張大法羅網，拔眾生出愛河。如德山護生棒，石鞏救死弓，正當畜也。

初、制畜非器不應。

若佛子！不得畜一切刀杖、弓箭、矛斧、鬥戰之具，及惡羅網；殺生之器，一切不得畜。

中、申明不得畜義。

引況**而菩薩乃至殺父母，尚不加報，況殺一切眾生。**經云：以怨報怨，怨終叵盡，唯有無怨，怨乃息耳，是故不報。

後、舉非結犯。

不得畜殺眾生具，若故畜者，犯輕垢罪。

若故畜者，犯輕垢罪。

如是十戒，應當學，敬心奉持，下六度品中當廣明。

總結前十：**如是十戒，應當學**，總勸修學，**敬心奉持。下〈六度品〉中當廣明**。

若佛子！不得為利養惡心故，通國使命，軍陣合會，與師相伐，殺無量眾生。

而菩薩尚不得入軍

〈五〉護自善門

十一、國使戒

第十一國使戒，前即防畜戰殺之具，今則止彼身為戰使，故以辨也。言為佛子，應作佛使，傳佛心印，興智慧師，殺煩惱賊。如鄧隱峰飛錫解鬪，陳尊者擲鞋解圍，如此正是菩薩應世。若為利名作兩國使，犯。

初、舉過緣。

佛言：**若佛子！不得為利養惡心故**，揀非善心解圍**通國使命，軍陣合會**，約萬二千人為軍，二千五百人為師，師旅成列為陣，**興師相伐，殺無量眾生**。

中、正制斷。

而菩薩尚不得入軍中往來，況故作國賊。

中往來，況故作國賊。
若故作者，犯輕垢罪。

後、違結犯。
若故作者，犯輕垢罪。
開緣：若以善心為調伏彼，令其和睦，入軍入國，一切無犯。

若佛子！故販賣良人、奴婢、六畜，市易棺材板木、盛死之具，

尚不應自作，況教人作。

若故自作、教人作

十二、販賣戒

第十二販賣戒，前雖止為國賊，猶恐劫掠良賤，故須制也。內違慈行，外招譏謗故；既為佛子，當以慈悲為生涯，孝順為德業，應觀一切眾生，如己父母子女等親，豈得無慈悲心，販賣人畜，使他分離受苦，故戒之也。

初、舉過。

若佛子！**故販**買賤為貴，**賣**出物得財，**良人**好人家子女，**奴婢**、**六畜**牛、馬、豬、羊、雞、犬等，**市易棺材板木**、**盛死之具**。

中、正制。

尚不應自作，**況教人作**。

後、結犯。

若故自作、**教人作者**，**犯輕垢罪**。通塞：若為三寶要籍，若

者，犯輕垢罪。

為利生，若為調伏，直買直賣。買畜放生，施棺給貧，一切無犯。

若佛子！以惡心故，無事謗他良人善人、法師師僧、國王貴人，言犯七逆十重。

於父母兄弟六親中，應生孝順心、慈悲心，

十三、謗毀戒

第十三謗毀戒，前於下位不輕，今於上人不謗。無根訕說曰謗，壞人名德曰毀。為護佛法離醜惡故。實尚不說，況起謗耶？

初、舉所制之過。

若佛子！以惡心故，明謗起之因，謂謗雖出於口，乃意地使然，所以或忌、或貪、或瞋，皆名惡心也。**無事謗他**正見惡心，**良人**明不當謗，**善人**、**法師**、**師**三師七師，**僧**五德六和，**國王貴人**，**言犯七逆十重**。

中、明須制所由。

於父母兄弟伯叔**六親中**，師僧、國王有父母養，良人、善人有兄弟義，貴人有六親義。在上者**應生孝順心**、在下者**慈悲心**，菩薩本行，死尚不辭。如世尊為雁王時，將五百雁向南飛，王墮網時，一雁悲鳴不去，不避弓矢。五百雁徘徊虛空，其一雁者，即阿

而反更加於逆害，墮不如意處者，犯輕垢罪。

難是。阿闍世王雖放醉象，不離世尊，五百羅漢登空如本。

後、故違結犯。

而反更加於逆害，墮不如意處者，犯輕垢罪。承上，不生孝順而反加逆，不生慈悲而反加害，必戕賊彼，使不得其所，故云墮不如意處，果報如妄言惡口中說。

若佛子！以惡心故，放大火，燒山林曠野，四月乃至九月放火。若燒他人家屋宅城邑、僧坊田木、及鬼神官物，

一切有主物，不得故燒。

若故燒者，犯輕垢罪。

十四、放火焚燒戒

第十四放火焚燒戒，前不謗於人，今則不損依報。《楞嚴》：「清淨比丘及諸菩薩，於岐路行不踏生草。」況復以火焚燒？

初、舉所離之過。

若佛子！以惡心故，揀卻慈心救物，**放大火，燒山林曠野，四月乃至九月放火**。上是無主物，下是有主物有六：**若燒他人家**（一）**屋宅**、（二）**城邑**、（三）**僧坊**、（四）**田木**、（五）**及鬼神**物、（六）**官**物。

中、正制不聽。

一切有主物，不得故燒。

後、故違結犯。

若故燒者，犯輕垢罪。通塞：約山野，四月至九月燒，犯。約燒屋等，一切皆犯。內開九月後或可燒者，佛制臘月放火，必率

眾持咒，遶山報告，令蟲遠避，然後縱火。

若佛子！自佛弟子，及外道惡人、六親、一切善知識，應一一教，受持大乘經律。應教解義理，使發菩提心、十發趣心、十長養

〈六〉護他善門

十五、僻教戒

第十五僻教戒，違宗故。前則遮其外損，今則護其內益，故次明也。僻教即偏邪之教，二乘為偏，外道為邪，皆足以使人失正道，故制。

初、先明順理應行。

有四種：（一）三寶內眾，**若佛子！自佛弟子**。（二）外眾心遊外道者，**及外道惡人**。（三）俗眷**六親**。（四）法侶，相知相識中**一切善知識**。

下明所教之法有三種：（一）教法**應一一教，受持大乘經律**。（二）理法**應教解義理**。（三）行法**使發**十信**菩提心**，依教生解、依解發行，從菩提心中趨入**十發趣心**，起行修行入**十長養**

心、十金剛心。於三十心中，一一解其次第法用。

而菩薩以惡心瞋心，橫教二乘聲聞經律、外道邪見論等，犯輕垢罪。

心，迴向**十金剛心**。**於三十心中**，**一一解其次第**不令雜亂觀**法用**。

如先修十信心，以信決定，於理無違。次修十住真解，信解成就，於摩訶衍堪任不退故。又次修十種妙行，迴向中道，以信解行三賢位滿，萬行周圓，即登十地，證佛道果，故名次第法用。如是教誡，是名菩薩正教。

後、明違教結犯。

而菩薩以惡心瞋心，藐示他人，不以大乘道法期許，或以教之末從，而生棄捨。**橫教二乘聲聞經律**，**外道邪見論等**，《大集經》：勸學小乘是魔業，況乎外道邪論。遺誤學人，斷佛慧命。**犯輕垢罪**。

開緣：若以好心，教令廣知，不令味著，理應不犯。又若欲為破邪小執，令解知彼宗，意亦不犯。又若彼根是小乘法器，先授小法，漸引令入大乘，無犯。

若佛子！應好心先學大乘威儀經律，廣開解義味。見後新學菩薩，有從百里千里來求大乘經律，應如法為說一切苦行，若燒身燒臂燒指，若不燒身臂指供養諸佛，非出家菩薩。乃至餓虎狼師子，

十六、為利倒說戒

第十六為利倒說戒，前於諸人不教為失，今於求者不施為失，故次明也。為利，邪命所攝；倒說，謗法等流。

初、初先制自學。

若佛子！應好心以大乘正教，清淨法行自利利人為心，**先學大乘威儀**揀異小乘，**經**心地道，**律**心地戒，**廣開解義味**。

中、令教後進。

見後新學菩薩，有從百里千里來求大乘經律，應如法為說一切苦行，令堅其志**若燒身**，如喜見菩薩**燒臂**，如藥王菩薩**燒指**，與眾生同悲仰，而上求佛道之極致。**若不燒身臂指供養諸佛**身相未空，**非出家菩薩**。上供諸佛，下濟眾生**乃至餓虎狼師子**如薩埵王子，**一切餓鬼**，**悉應捨身肉手足**，**而供養之**。與如來同慈力，而下化眾生之極致。於上求下化二處，不惜軀命。又以上為

一切餓鬼，悉應捨身肉手足，而供養之，然後一一次第為說正法，使心開意解。

而菩薩為利養故，應答不答、倒說經律文字，無前無後、謗三寶說者，犯輕垢罪。

求法，荷重恩故；下愍眾生，滿悲願故。先說苦行堅其志已，**然後一一次第為說正法**令增慧悟，**使心開**無拘，**意解**無縛。聞慧開其心，思修令意解。

後、正違結犯。

而菩薩為利養故，為名聞故，**應答不答**，**倒說經律文字**，**無前**不說苦行，**無後**倒說經律，義無所歸。無前，無不從此法界流。無後，無不還歸此法界。前則《華嚴》、《梵網》，後則《法華》、《涅槃》；或擅以經義改易前後。**謗三寶說者**依文解義，三世佛冤。如《涅槃》中，若說眾生定有佛性、定無佛性，皆名為謗。云此倒說，是佛所說，則為謗佛。法實不爾，言法如是，即為謗法。復云僧同此說，亦是謗僧。上違佛慈，下失悲仰，中覆好心，是即與佛共諍，與法共諍，與僧共諍，**犯輕垢罪**。

通塞：《地持戒》云：若菩薩眾生求法，往至其所，欲得聞法，若菩薩瞋恨慳嫉，不為說者，是名為犯、眾多犯。是犯從染汙起。若懶惰懈怠犯，非染汙起。不犯者：外道求短，若病若狂。若知不說令彼調伏。若所修法未善通利。若知前人不能敬順，威儀不整。若彼鈍根，聞深妙法，生怖畏心。若知聞已，增長邪見。若知聞已，毀呰退沒。若彼聞已向惡人說。《合註》云：應答不答，則不一一說。倒說，則不次第。又倒說即名為謗。所謂說法不當機，所說為非量。謗三寶，則非正法。

若佛子！自為飲食、錢財利養名譽故，親近國王王子、大臣百官，恃作形勢，乞索打拍牽挽，橫取錢物。一切求利，名為惡求、多求、

十七、恃勢乞求戒

第十七恃勢乞求戒，前則順理求法，倒說成謗。今前非分恃威，苟求名利，故次明也。若以善心恃威奪賊物，以還本主，不犯。若為救菩提心人命、梵行等難，無犯。為三寶、為病人、為眾生，如法營求，非犯。

初、自行非。

若佛子！**自為**揀非為眾**飲食**資身、**錢財**受用、**利養**內資、**名譽**外振**故**。**親近**（一）**國王**、（二）**王子**、（三）**大臣**、（四）**百官**。若親附彼威，失自正行，是故大、小乘經，並皆慇勤不許。**恃作形勢**正成逼惱，以迫無力之人，**乞索**若不得則**打拍**又不得則**牽挽**，**橫取錢物**。恃作形勢有四：一逼惱乞索，二打拍令苦，三非分牽挽，四橫取錢物。是利皆求**一切求利**，惱他取物**名為惡求**、求無厭足**多求**。

教他人求，都無慈心、無孝順心者，犯輕垢罪。

中、教他非分作。

教他人為我**求**。無對治：**都無慈**愍**心**益物，**無孝順**益生**心者**。

後、結犯名。

犯輕垢罪。多欲不知足，貪著財物，是染汙犯。為三寶、為病人、為眾生，如法營求，非犯。乞求則妨道惱他。不乞，則正命清淨，自他俱利。

若佛子！應學十二部經，誦戒者，日夜六時持菩薩戒，解其義理，佛性之性。

十八、無解作師戒

第十八無解作師戒，前則強威逼奪，今則詐為授法。若性闇鈍，勤學未成；若不隱無知，若使無人為師，准應無犯。

凡作師者，必自有智慧，處世無礙，方堪為人師範。豈有以己昏昏，而能使人昭昭乎？如庸醫不識病原，不暗方藥，妄醫人病。亦如盲人引路俱有墮溺之患，故戒之也。自無慧解不達性相，有誤人之失，故制。

初、舉正修。

若佛子！既為佛子，上弘下化，必須先藉般若學解，內具慧心，外識機緣，如是師者，方許為後昆模範。學習般若有三：一者、文字般若（教），**應學十二部經**。二者、觀照般若（行），**誦戒者，日夜六時持菩薩戒**。三者、實相般若（理），**解其**持犯**義理**，若不明戒之指歸，不能究竟佛果。**佛性之性**成佛之因即眾

而菩薩不解一句一

生本覺自性。此性在聖不增，居凡不減；在聖不淨，居凡不垢。明得此性本無垢淨增減，即終日看經無經可看；終日持戒無戒可持；終日參禪究心，無心可究。如是看經，如是持戒，如是參禪，其人方可為人天師範也。

佛性有三：一自性住佛性，二引出佛性，三至得果佛性；具如《佛性論》釋。以上數句經文，攝盡如來所説大藏教義。以諸聖師判門有四：一教，二理，三行，四果。依實相理而建文字之教，由文字教而起觀照行門，因觀照行而入實相理果。是故若非明了文字般若聖教，云何能得觀照行解相應？若非大乘行解相應，何以得入實相理果？是故初學般若，必先學十二部經而起解慧。解無行則狂，必以戒行為定慧之本。

中、無知詐解。

而菩薩不解一句一偈，及大、小乘**戒律，因**金剛**緣**光明，**詐**

偈，及戒律因緣，詐言能解者，即為自欺誑，亦欺誑他人。一一不解，一切法不知，而為他人作師授戒者，犯輕垢罪。

言隱自無知，**能解者**虛誑他人，盜善聲譽，**即為自欺誑，亦欺誑他人**。

後、無解為師。

一一不解，一切法不知，而為他人作師授戒者，結犯名：**犯輕垢罪**。受戒不學，是一過；妄欲作師，又一過；隨事結犯。

開緣：為白衣授終身五戒、及六齋日授八戒法，皆悉無犯，然亦須知五戒、八戒義趣，異熟果報之意。《佛藏經》云：身未證法而在高座，身自不知而教人者，法墮地獄。

若佛子！以惡心故，見持戒比丘，手捉香爐，行菩薩行，而鬥遘兩頭，謗欺賢人，無惡不造者，犯輕垢罪。

十九、兩舌戒

第十九兩舌戒，前自無知，今欺有德故也。向彼說此，向此說彼，翻覆兩頭，於中起事，若錯誤、狂亂、著鬼、若治罪人，准應無犯。《菩薩戒本》云：又如菩薩見諸有情，為惡友朋之所攝受，親愛不捨。菩薩見已，起憐愍心，發生利益安樂意樂，隨能隨力，說離間語。令離惡友，捨相親愛；勿令當受長夜，無義無利。如是以饒益心說離間語，無所違犯，生多功德。

若佛子！以惡心嫉忌障礙**故，見持戒比丘，手捉香爐，行菩薩行**，揀非小乘之行。**而鬥遘兩頭**令鬥諍故，**謗欺賢人**妄言說過，惡心唆彼，**無惡不造者，犯輕垢罪**。必招將來拔舌地獄。

若佛子！以慈心故，行放生業，一切男子是我父、一切女人是我母，我生生無不從之受生，故六道眾生，皆是我父母，而殺而食者，即殺我父母，亦殺我故身。一切地水是我先身，一切火風是我本體。故常行放生，生生受生，常

二十、不行放救戒

第二十不行放救戒，前於賢欺謗，今則見苦不救。若自重病，若無勢力，准應無犯。

初、順理應行放生。

先標**若佛子！以慈心故，行放生業**。釋何以須救耶？有二義：（一）普親觀，應作是念，**一切男子是我父，一切女人是我母，我生生無不從之受生，故六道眾生，皆是我父母，而殺而食者，即殺我父母**。（二）平等觀，**亦殺我故身**。可見我與眾生同此一身，無差別也，亦即同體觀。上從疏至親，此即從親至切，而切不過己身，益以見放救之心，當急急耳。

一切地水是我先身，一切火風是我本體。此釋殺我故身義，謂昔投胎之始，先以父母赤白二種水土，和合凝結為一，以是妄識而生妄見。觀見父母情愛不已，即投其中，故云先身。火即煖，風

住之法，教人放生。

若見世人殺畜生時，應方便救護，解其苦難，常教化講說菩薩戒，救度眾生。若父母兄弟死亡之日，應請法師講菩薩戒經律，福資亡者，得見諸佛，生人天上。

即息，以是識、息、煖，三而為其體。若非識、息、煖，連持赤白，而此色身即時敗壞，所以云本體也。既是先身本體，猶是切於父母，所以作念，常行放生為業。不但此生行放生業，即生生受生皆應方便救護。次結**故常行放生，生生受生，常住之法，教人放生**。

中、救他殺害。

若見世人殺畜生時，應方便救護，解其苦難。講救先亡，**常教化講說菩薩戒，救度眾生。若父母兄弟死亡之日，應請法師講菩薩戒經律**，以大乘毘尼法，有生善滅惡之功，除罪獲福之德，以此資亡，使彼障開慧發。以此戒是三世諸佛之本源，戒之所在，即佛在故，佛滅度後，戒為師故。**福資亡者，得見諸佛**，罪滅福生，脫三惡趣，**生人天上**。五戒生人，十善生天。

若不爾者，犯輕垢罪。

如是十戒，應當學，敬心奉持，如滅罪品中，廣明一一戒相。

後、若不爾者，犯輕垢罪。

開緣：若欲救而力不逮者，至心為稱佛名，或為說法，以作救慧命之緣因，無犯。

以上十重、二十輕戒，乃出家菩薩全遮，在家菩薩有開有遮。

結法：**如是十戒**，勸修**應當學**，**敬心奉持**，**如〈滅罪品〉中**，**廣明一一戒相**。此總結四十八輕第二段十戒文，勉勵學者當學，當敬心奉持。又指出此為綱要，大本〈滅罪品〉中則詳明廣說。

若佛子！不得以瞋報瞋、以打報打。若殺父母兄弟六

〈七〉六和敬門

二十一、瞋打報仇戒

自下十戒成六和敬，初三戒各攝身、口、意三業。

第二十一瞋打報仇戒，前見苦不救，今則於怨起酬，並違正行故也。《長壽王經》云：「以怨報怨，怨終不滅；以德報怨，怨乃盡耳。」是故菩薩不瞋為勇。」如《戒經》云：「忍辱第一道，佛說無為最。出家惱他人，不名為沙門。」在儒據孝據忠，理應酬報；佛門為怨怨相酬，怨終不盡，唯有無怨，怨乃息耳。

初、舉過正制。

佛言：**若佛子**！當心空境寂、人我雙亡，**不得以瞋報瞋**意業，**以打報打**身業，以罵報罵，口業；蓋語隨二起，略而不舉。

以重況輕，**若殺父母兄弟六親，不得加報。若國主為他人**

親，不得加報。若國主為他人殺者，亦不得加報。殺生報生，不順孝道。

尚不畜奴婢，打拍罵辱，日日起三業，口罪無量，況故作七逆之罪。而出家菩薩，無慈

殺者，亦不得加報。

中、明違理乖行。

殺生報生，是殺多生父母，以報今生父母，**不順孝道**。此戒由上以慈心故，行放生業而來。以彼文中，觀一切男子是我父，一切女人是我母。即今瞋打我者，亦皆是我父母。既作是觀，寧有其子，以瞋打報父母者乎？且瞋乃根本煩惱中，最重之一；此法憎恚為性，長惡為業，於慈愍中乖菩提道。而修菩薩行者，發弘誓願，以度眾生，故當以慈心為本。若乃起一瞋心，則違本願，即捨眾生而失本慈，故戒之也。

舉輕況重，**尚不畜奴婢**，**打拍**身業**罵辱**口業**日日起三業**加瞋怒意業。**口罪無量**，**況故作七逆之罪**。

後、揀道異俗，明不得報仇意。

而出家菩薩，**無慈心報仇**，**乃至六親中**，正當怨親平等，人

心報仇，乃至六親中，故報者，犯輕垢罪。

我兩忘，何得懷報？故違結犯：**故作報者，犯輕垢罪**。

問：俗禮之中，君父之怨，不報非孝，何故此中若報非孝耶？

答：道與俗反，俗據現在，不說當來因果；今若重酬，苦業滋多，令其君父沉淪永劫，何成孝道？況此怨等，何必前生非己父母，今若殺彼，豈成孝行？故文云「不順孝道」。報則相讎相害，更無休息，不報則解怨釋結，永無讎對；此戒唯遮不開。

若佛子！初始出家未有所解，而自恃聰明有智、或恃高貴年宿、或恃大姓高門、大解大福、大富饒財七

二十二、憍慢不請法戒

第二十二憍慢不請法戒，前則於怨起酬，今則於德不敬。憍者於己盛事深生染著，醉傲為性，能障不憍，染依為業，此貪分攝，二十隨煩惱中之一，不憍即無貪。慢者，恃己於他，高舉為性，能障不慢，生苦為業；蓋慢於有德，心不謙下，由此生死輪轉無窮，受諸苦故，即六根本煩惱之一。此二煩惱能障行人，一切功德不得成就，故戒之。

初、自實無知。

若佛子！初始出家，理應在家，亦同斯制，**未有所解**。

中、妄恃起慢。

有十**而自恃**：（一）**聰明**、（二）**有智**、（三）**或恃高貴**曾任官、（四）**年宿**、（五）**或恃大姓**、（六）**高門**上代簪貴、（七）**大解**世法、（八）**大福**、（九）**大富**、（十）**饒財七寶**。

寶，以此憍慢，而不諮受先學法師經律。其法師者，或小姓年少、卑門貧窮下賤、諸根不具，而實有德，一切經律盡解。

而新學菩薩，不得觀法師種姓，而不來諮受法師第一義諦者，犯輕垢罪。

此十中隨恃一種以成犯緣。

輕捨有德，**以此憍慢，而不諮受先學法師經律**。致令修行觸事無知，過五年後，更結無知罪。**其法師者，或**（一）**小姓**對上大姓。（二）**年少**對上年宿。（三）**卑門**對上高門。（四）**貧窮下賤**對大富。（五）**諸根不具，而實有德**，正明不得以跡取人，所謂依德不依人也，**一切經律盡解**。

後、立禁正制。

而新學菩薩，不得觀法師種姓，於五中略舉一位，況菩薩受法於羅剎，諸天頂禮於野干，豈可觀種族耶？應為四句而身受千釘，求半偈而高巖捨命，王身為羅剎之床，天衣作野干之座。天王之尊尚頂禮畜足，為法忘軀，況吾人乎？**而不來諮受法師第一義諦者，犯輕垢罪**。若自病，若無力，若彼實無德，不犯。

若佛子！佛滅度後，欲以好心，受菩薩戒時，於佛菩薩形像前，自誓受戒，

當以七日佛前懺悔，得見好相便得

二十三、憍慢僻說戒

第二十三憍慢僻說戒，輕蔑新學；前則慢不求法，今則慢不說法。經云：菩薩求法不懈，說法無惜，此之謂也。文中分二：

初、明弟子心無憍慢僻受，師長心無憍慢僻說之義，以正受戒儀式。

若佛子！佛滅度後，揀佛在世以佛為師，今則以戒為師。**欲以好心，受菩薩戒時**，正明無憍慢僻受之義。**於佛菩薩形像前，自誓受戒**，受戒法儀有三：（一）佛在世時親從佛前而授受者，得上品戒。（二）佛滅度後，於先受菩薩戒法師前，如法受者，得中品戒。（三）若千里內無能授戒師，於佛菩薩形像前，自立誓願，而稟受佛戒者，必定要見好相，若見好相，得下品戒。

當以七日佛前懺悔，頌云：佛誓度眾生，我入眾生數，遍知助我善，一切罪滅除。**得見好相便得戒。若不得好相，應**

戒。若不得好相，應二七三七、乃至一年，要得好相。得好相已，便得佛菩薩形像前受戒。若不得好相，雖佛像前受戒，不名得戒。若先受菩薩戒法師前，受戒時，不須要見好相。何以故？是法師，師師相授，故不須好相。

是以法師前受戒時，即得戒，以生至重心故，便得戒。若千里內無能授戒師，得佛菩薩形像前，自誓受

二七三七、乃至一年，要得好相。得好相已，便得佛菩薩形像前受戒。若不得好相，雖佛像前受戒，不名得戒。若現前**先受菩薩戒法師前，受戒時，不須要見好相。何以故？是法師，師師相授，故不須好相。**以其輾轉傳來，即是如來嫡胤，亦是法身常住。故《律藏》云：持律之人，是補處佛也。

是以法師前受戒時，即得戒，以生至重心故，視師如佛**便得戒。若千里內無能授戒師，得佛菩薩形像前，自誓受戒，而要見好相。**

後、明師恃憍慢僻說，弟子無憍慢僻受之義，違行結犯。

若法師自倚解經律、大乘學戒，與國王太子，百官以為善友。而新學菩薩來問，若經義、律義，內起三心：**輕心**忽彼人來、**惡心**慳悋嫉妒、**慢心**自恃福慧，**不一一好答問者，犯輕垢罪**。若病、若無力、若不解、若彼慢法、若為調彼等，皆不犯。

戒，而要見好相。若法師自倚解經律、大乘學戒，與國王太子，百官以為善友。而新學菩薩來問，若經義、律義，輕心、惡心、慢心，不一一好答問者，犯輕垢罪。

若佛子！有佛經律，大乘法、正見、正性、正法身，而不能勤學修習，而捨七寶。

二十四、不習學佛戒

次一戒見和，怖勝順劣。

第二十四不習學佛戒，前恃慢陵人，今背真向偽；又前即輕人，今則捨法故也。此又名背大向小戒，正謂安然棄大向小，捨本求末，非大士之正見，昧菩薩之本行，故制。

初、學真正。

總舉應學之法，別顯四種：（一）教**若佛子！有佛經律**，**大乘法**。（二）行**正見**萬行之解。（三）理**正性**正因之性。（四）果**正法身**。正果之性。

中、明背捨。

而不能勤學修習，依教起行，行能證理，理圓果滿。又信果受教，修行入理。又教行是修生法，謂依止聞熏習法，生無分別智正見。理果是本有法，謂在纏名正性，出纏名法身；此上並是菩薩

反學邪見二乘、外道俗典、阿毘曇、雜論、一切書記，是斷佛性，障道因緣，非行菩薩道者。若故作者，犯輕垢罪。

所應修學。又佛所說經律，有菩薩藏、聲聞藏，此是菩薩藏，故云大乘也。既本大乘法藏，則所詮理趣，乃是正知正見、正性正法身也。不偏不邪曰正，由是正知正見，明不生不滅、不遷不變，正因佛性為因地心，即證本有不生不滅，不遷不變正法身果。夫有佛可皈，有法可崇，不能一意皈崇，**而**如**捨七寶**反取礫瓦。

下、習邪小。

反學邪見二乘、**外道俗典**、**阿毘曇**此云無畏，又曰分別慧，即二乘論。**雜論**即外道論，**一切**世俗**書記**。

後、顯三失。

（一）**是斷佛性**。（二）**障道因緣**。（三）**非行菩薩道者**。以新學者，智弱識強，恐棄本逐末故。**若故作者**，**犯輕垢罪**。若地上大菩薩為利生故，習學無礙。

《菩薩戒本經》云：「菩薩於世典、外道邪論，愛樂不捨，不作毒想，是名為犯。不犯者，若習小助大，為欲引化二乘，令入大乘，故學二乘之法。」《菩薩善戒經》云：「為論義故，為破於邪見故，為知外典虛妄，佛法真實故，為知世事故，不犯。」

若佛子！佛滅度後，為說法主、為行法主、為僧坊主、教化主、坐禪主、行來主，應生慈心，善和鬥諍，善守三寶物，莫無度用，如自己有。

二十五、不善知眾戒

次四戒利和，此乃為主失儀。

第二十五不善知眾戒，前背正法，今損德財故也。

初、明為主。

略舉六種：（一）慈悲撫眾，傳授無遺，**若佛子！佛滅度後，為說法主**、即為法師。（二）**為行法主**、主清規者即律師。（三）**為僧坊主**、當堅守護財物。（四）**教化主**、導引檀越修治塔寺，善守彼財，復不惱眾。（五）**坐禪主**、善授止觀制伏魔境。（六）**行來主**，主持遠近賓客，迎送禮節等事。

中、制其所作。

先制令和眾**應生慈心**，**善和鬥諍**。後制上六主，守三寶物，過於眼目，寧捨身命，終不非理，**善守三寶物**，佛物，元即佛事中用。法物，法事中用。僧物，僧事中用。當用則用，不可無度

而反亂眾鬥諍、恣心用三寶物者，犯輕垢罪。

用。**莫無度用，如自己有**。此三寶物，應善守護，莫作自己所有，任意而用。

後、違制結犯。

而反亂眾鬥諍、恣心用三寶物者，犯輕垢罪。守三寶物者，即如守護自己法財，莫使惑業侵毀破壞。又若惡人為主，慳悋自財，不惜公物，不如己有，深可悲矣。若王等取、若強賊、若自重病、若眾極惡，未能得和，並應不犯。

若佛子！先在僧坊中住，後見客菩薩比丘，來入僧坊、舍宅城邑，若國王宅舍中，乃至夏坐安居處，及大會中。

二十六、獨受利養戒

第二十六獨受利養戒，前則為主失儀，今則待賓乖禮，故次來也。文中略舉五處：（一）僧坊，是僧伽藍中出家菩薩所住處。（二）舍宅，是在家菩薩所住處，亦是檀越家安置僧處。（三）國王宅舍，是王宮內。（四）夏坐安居處，下至暫於一夏權住之處。（五）大會中，在檀越設會眾中，見後來者，皆須讓坐，以表相敬。唯遮不開；果報如慈悲道場懺法中廣明。

初、先住見客。

若佛子！先在僧坊伽藍**中住，後見客菩薩比丘，來入**（一）**僧坊**、（二）**舍宅，城邑**通前二位，（三）**若國王宅舍中**，（四）**乃至**更有多處不能具說，**夏坐安居處**，（五）**及大會中**。

先住僧應迎來送去，飲食供養、房舍臥具、繩床木床，事事給與。

若無物，應賣自身，及男女身，割自身肉賣，供給所須，悉以與之。

若有檀越來請眾僧，客僧有利養分，僧坊主應次第差客僧受請。

而先住僧獨受請，

次、制令供往。

有六事：**先住僧應**（一）**迎來送去**。（二）**飲食供養**。（三）**房舍**。（四）**臥具**。（五）**繩床**、**木床**。（六）**事事給與**別說難盡。

中、令辦難辦。

若無物，**應賣自身**，正通僧俗，**及男女身**此局在家，**割自身肉賣**，**供給所須**，**悉以與之**。

下、利養齊均。

僧具六和：身和同居、言和無諍、意和無瞋、戒和同修、見和同解、利和同均。若內一和有虧，六和全費。**若有檀越來請眾僧**，**客僧有利養分**，**僧坊主應次第差客僧受請**。

後、違教得罪，訶責結犯。

而先住僧獨受請，**而不差客僧者**，盜十方現前僧利，**僧坊主**

而不差客僧者，僧坊主得無量罪，畜生無異、非沙門、非釋種姓，犯輕垢罪。

得無量罪，下**畜生無異**不合人情，便非人類，愚癡甚。中**非沙門**不合僧禮，全無六和，無聖果。上**非釋種姓**，不合佛心，不知重道，無彼因。**犯輕垢罪**。唯遮不開。

若佛子！一切不得受別請，利養入己，而此利養屬十方僧。而別受請，即是取十方僧物入己，及八福田中，諸佛聖人，一一師僧父

二十七、受別請戒

第二十七受別請戒，前則為主乖儀，今則受請失則。為佛弟子，不但不得獨受利養而已，乃更不得受人別請利養入己。若別受請利養而不分與眾者，亦非沙門非佛種子，故戒之也。此是遮業：令施主失平等心，十方僧失常利施，故制。

初、總制。

若佛子！一切不得受別請，**利養入己**。謂凡道俗，一切諸檀越等，請僧齋者，應與眾同受請，不得私受人請，應眾中同受利養故。次辨定其物，**而此利養屬十方僧**。

中、顯其過失。

而別受請，略顯七種：（一）**即是取十方**現前**僧物入己**。（二）**及八福田**物**中**。（三）**諸佛**物。（四）**聖人**物。（五）師僧物**一一師**和尚、阿闍黎**僧**。（六）**父母**物。（七）**病人物**若公

母、病人物，自己用故，犯輕垢罪。

用，即獲福。八福田者：一諸佛、二聖人、三和尚、四阿闍黎、五眾僧、六父、七母、八病人；以上七位敬田，第八悲田。

後、結犯。

自己用故，犯輕垢罪。既有奪取十方僧物之嫌，亦是盜戒等流。

若佛子！有出家菩薩、在家菩薩，及一切檀越，請僧福田求願之時，

應入僧坊問知事人，今欲請僧求願。知事報言：次第請者，即得十方賢聖僧。

而世人別請五百羅漢、菩薩僧，不如

二十八、別請僧戒

第二十八別請僧戒，前為福田，不受別請，今為施主，不請別僧故也。又受請者既不別受。則請僧者，亦不應別請也。

初、明設供時，標明求願種福之人。

若佛子！有出家菩薩、在家菩薩，及一切檀越，請僧福田求願之時。

次、制僧次請。

應入僧坊，問知事人，今欲請僧求願。知事報言：次第請者廣心供故**即得十方賢聖僧**。《金剛》云：不住相布施，其福等於虛空。住相布施，則獲福有限。

中、校量顯勝。

而世人別請五百羅漢、菩薩僧，不如僧次一凡夫僧。以有住相心故。

僧次一凡夫僧。

若別請僧者，是外道法；七佛無別請法，不順孝道。

若故別請僧者，犯

下、違制辨失。

若別請僧者，是外道法；七佛無別請法，不順孝道。

七佛：

（一）毘婆尸佛，或云維衛佛，此云勝觀。

（二）尸棄佛，或云式棄，此翻為火。

（三）毘舍浮佛，或云隨比、隨葉，此云遍一切自在。此上三佛，皆在過去莊嚴劫出世。

（四）拘留孫佛，或云拘樓秦，此翻所應斷。

（五）拘那含牟尼佛，此云金寂，或翻金仙。

（六）迦葉佛，此翻飲光。

（七）釋迦牟尼佛。

後、結示犯名。

若故別請僧者，上違七佛教誡之道，中乖菩薩平等之心，下

輕垢罪。

失眾生利益之德，**犯輕垢罪**。別請，則違平等無相法門，失廣大圓滿福德。不別請，則一滴投海頓同海體。非犯：如親師取友，則善須揀擇；如欲說法授戒，化導眾人，擇其才德俱優者請之。

若佛子！以惡心故、為利養販賣男女色，自手作食、自磨自舂，占相男女、解夢吉凶、是男是女，呪術工巧、調鷹方法，和

二十九、邪命自活戒

後二戒為戒和，前背勝田，今習劣伎。又前為失善，今則增惡。

第二十九邪命（揀非正命）自活（揀非為人）戒。菩薩比丘，當以乞法乞食而為生活，利己利人以為德業。若以邪命邪求非所宜也。邪法得利，養活身命，害物潤己，失大士慈孝心與清淨心，故制。

初、舉世惡事。

若佛子！以惡心故，（因）揀非善心為道。**為利養**造惡緣。非為救濟眾生苦故。（一）**販賣男女色**。此事離他骨肉，玷人門風，不顧羞恥，道俗共制。（二）**自手作食**，**自磨自舂**。既失威儀，亦長貪心，此事惟制出家。（三）**占相男女**、（四）**解夢吉凶**、（五）**是男是女**、（六）**呪術工巧**。以上非釋子所宜。

合百種毒藥、千種毒藥、蛇毒、生金銀毒、蠱毒，都無慈愍心、無孝順心。若故作者，犯輕垢罪。

（七）調鷹方法、（八）和合百種毒藥，千種毒藥，蛇毒，生金銀毒，蠱毒，都無慈愍心，無孝順心。以上道俗共制。

後、結犯。

若故作者，犯輕垢罪。

開緣：或偶用占相咒術工巧，隨機誘物令入佛道，非希利心，無犯。

若佛子！以惡心故，自身謗三寶，詐現親附。口便說空、行在有中。經理白衣，為白衣通致男女，交會婬色，作諸縛著。於六齋日、年

三十、不敬好時戒

第三十不敬好時戒，前作惡損生，今公行毀禁，故禁詐親害生。好時者，謂於天王巡狩年月日期，不修福慧，無敬畏心，有失大利，故戒之也。又罪從經理白衣而起，但從出家人邊結過，故又名經理白衣戒。

初、明不敬好時之心。

若佛子！以惡心故揀非修出世善心，非但口謗**自身謗三寶**，**詐現親附**。

中、詳不敬好時之事。

口便說空，見其心詐、**行在有中**，見其身謗。申明身謗**經理白衣**，**為白衣通致男女**，**交會婬色**，**作諸縛著**。**於六齋日**，**年三長齋月**。俱是鬼神得力善月日也。亦乃天神巡狩人間考較善惡之期，於此月日，持戒作福，福勝餘時。月六齋日者，初八、

三長齋月，

作殺生、劫盜、破齋犯戒者，犯輕垢罪。

如是十戒，應當學，敬心奉持，制戒品中廣明。

二十三，乃是毘沙門天王分鎮南洲之日。十四、二十九（月小二十八），乃是天王太子。十五、三十，乃天王自身也。年三長齋月者，每年正、五、九，此三月者，名三善月，是帝釋天巡狩之月。此天殿中有大寶鏡，從年正月則照南贍部洲，二月則照西牛賀洲，三月則照北俱盧洲，四月則照東勝神洲，五月復照南贍部洲。如是三番照察人間善惡，凡人舉心動念，自然鏡中顯現分明。是故佛弟子於此月日，宜當勸人齋戒放生，作諸福德。

後、結犯。

作殺生、劫盜、破齋犯戒者，犯輕垢罪。損人功德，滅人法財，自害害人故。是重罪上更犯輕罪，譬如犯死刑人，別有餘惡，法不容貸，復加捶楚也。

如是十戒，應當學，敬心奉持，〈制戒品〉中廣明。

佛言：佛子！佛滅度後於惡世中，若見外道、一切惡人劫賊，

賣佛、菩薩、父母形像、及賣經律、販賣比丘、比丘尼，亦賣發菩提心菩薩道人；或為官

〈八〉以默調伏門

三十一、不行救贖戒

自下九戒，門一、開正施故。

第三十一不行救贖戒，前故犯重禁，今不濟尊厄故也。

初、舉厄事。

佛言：若**佛子！佛滅度後，於**五濁**惡世中，若見外道**邪信、**一切惡人**不信**劫賊**。

次、明尊在厄。

賣佛、菩薩、父母形像，佛為大慈父，菩薩大悲母，能與眾生樂能拔眾生苦。**及賣經律，**如法流通不犯。**販賣比丘、比丘尼，亦賣發菩提心菩薩道人；或為官使，與一切人作奴婢者。**

使，與一切人作奴婢者。而菩薩見是事已，應生慈悲心，方便救護，處處教化，取物贖佛菩薩形像，及比丘、比丘尼、發心菩薩、一切經律。若不贖者，犯輕垢罪。

中、制令救贖。

而菩薩見是事已，應生慈悲心，方便救護，處處教化，取物贖佛菩薩形像，及比丘、比丘尼、發心菩薩、一切經律。

後、故違結犯。

若不贖者，犯輕垢罪。

若佛子！不得販賣刀杖弓箭、畜輕秤小斗、因官形勢，取人財物、害心繫縛、破壞成功、長養貓狸豬狗。若故養者，犯輕垢罪。

三十二、損害眾生戒

門二、遮橫取故。第三十二損害眾生戒，前尊厄不救，今損害眾生故。

初、舉過正制。有六：（一）**若佛子！不得販賣刀杖弓箭**。（二）不得**畜輕秤小斗**。（三）不得**因官形勢，取人財物**。（四）不得**害心繫縛**。（五）不得**破壞成功**。（六）不得**長養貓**、**貍**、**豬**、**狗**。

後、故違結犯。

若故養者，犯輕垢罪。養尚不可，豈許畜賣。

若佛子！以惡心故，觀一切男女等鬥，軍陣兵將劫賊等鬥，亦不得聽吹貝鼓

三十三、邪業覺觀戒

門三、避邪緣故，前貯畜非宜，今觀德作惡也。

第三十三邪業覺觀戒，覺體本無邪正，全在照察，若被物轉，即名邪業覺觀。若能轉物，即名正業覺觀。此恐初心人心念不純，觀照不熟故戒之。此戒制意，謂菩薩宜處靜思道，何容隨流蕩志，失於道業？別顯有八：一失禪定，二增放逸，三壞善品，四滅法行，五招大譏，六誤所化，七毀禁戒，八成苦因。

初、別制五非。

若佛子！不得**以惡心故**，明犯因：

（一）能觀之心，**觀一切男女等鬥**，**軍陣兵將劫賊等鬥**。初戒眼觀，即是戒心。切勿被鬥境所轉，欲令眼根得其清淨，心亦清淨，不可逐情流轉，所謂一根清淨，而多根清淨也。

（二）**亦不得聽吹貝**、**鼓**、**角**、**琴**七弦、**瑟**二十五弦、**箏**

角，琴瑟箏笛箜篌，歌叫妓樂之聲，

不得摴蒲圍棋，波羅塞戲，彈棋陸博、拍毱擲石投壺、牽道八道行城、

爪鏡著草、楊枝鉢盂髑髏而作卜筮，

不得作盜賊使命，一一不得作。

若故作者，犯輕垢罪。

十三弦、**笛**七孔、**箜篌**二十四弦，**歌叫妓樂之聲**。旋轉聞機故。

（三）**不得摴蒲**賻錢，**圍棋**，**波羅塞戲**象棋，**彈棋**漢宮人粧奩戲，**陸博**雙陸、**拍毱**踢球、**擲石投壺**古用石今用矢、**牽道八道行城**縱橫各八路，以棋子行之。

（四）明妖術戒，**爪鏡**用藥塗指上，咒之則有光明，如鏡照人，斷人吉凶。**著草**即易卦，出文王墓，百莖一叢，上有青雲覆蓋，下有靈龜伏氣，長大截取以筮斷人休咎。**楊枝**即樟柳神，附人耳邊，報人禍福。**鉢盂**，即今照水碗。**髑髏**耳報神修鍊法，**而作卜筮**。

（五）賊使戒，**不得作盜賊使命**，總制：**一一不得作**。

後、結犯。

若故作者，**犯輕垢罪**。靜鬥起兇惡心。娛樂起婬佚心，雜感起散亂心，卜筮起感著心，使命起詐罔心，事事亂道，不應作也。

若佛子！護持禁戒，行住坐臥，日夜六時，讀誦是戒，猶如金剛。如帶持

三十四、暫念小乘戒

門四、趣正乘故，舍利弗遇婆羅門乞眼，只一念捨戒，退墮聲聞二十小劫。

第三十四暫念小乘戒，退菩提心故。前制令斷惡，今策令修善故。又前斷身語粗惡，今斷意中細念。一念二乘心，即障菩提，一念外道心，亦障出世，惟念念菩提心，能臻三種不退。

初、制堅持戒。

若佛子！護防護，使魔無能侵故。**持**堅持，使心無有退故。**禁**約束五根不動，**戒**即止意地不起。**行住坐臥**，**日夜六時**，不休不息。《華嚴》云：「譬如人攢火，未出數休息，火勢隨止滅，懈怠者亦然。」**讀誦是戒**，申明護持方便，知戒輕重開遮，明其指歸。

猶如金剛，**如帶持浮囊**，**欲渡大海**，**如草繫比丘**。依《莊

浮囊，欲渡大海，如草繫比丘。

常生大乘善信，自知我是未成之佛，諸佛是已成之佛。

發菩提心，念念不去心。

若起一念二乘外道心者，犯輕垢罪。

嚴論》：有諸比丘，為賊所劫，裸形伏地，以草連根縛之，經宿不轉。國王因獵，見草中裸形，謂是外道。傍人答云，是比丘，以右膊全黑，是褊袒之相。王即以偈問云：看時似無病，肥壯有多力，如何為草繫，日夜不轉側？答：此草甚危脆！斷時豈有難，但為佛世尊，金剛戒所制。王發信心，解放與衣。

中、明制守大信。

常生大乘善信，**自知我是未成之佛**信因。佛性定有故。**諸佛是已成之佛**信果。

下、制護大心。

發菩提心，**念念不去心**。

後、故違結犯。

若起一念二乘外道心者，**犯輕垢罪**。若權入二乘外道，為化彼故，不犯。

若佛子！常應發一切願，孝順父母師僧。願得好師、同學、

三十五、不發願戒

門五、發願求故。

第三十五不發願戒，前防心不向二乘，今誓願趣求大行故也。

初、制發大願者。

若佛子！有五：

（一）制願孝行。**常應**謂發願不難，惟恐不恆，以是大願無盡，一切皆發。眾生無盡，而煩惱障、業障、報障一切無盡；故菩薩之願心，亦無有盡，故云常應**發一切願**，**孝順父母師僧**。問：父母有生育之恩，師僧有教誨之德，自然不敢忤違，何假發願孝順耶？答：謂小乘戒中，比丘為道，若父母不能繩線，比丘乞食與半，雖孝不大。今於大乘戒中，以觀一切眾生如己父母，若不發願孝順，恐同小乘見解，其心不普不恆，故當發願如此。

（二）願好師友。**願得好師**、**同學**、**善知識**，如臨濟激發於

善知識，
常教我大乘經律、
十發趣、十長養、
十金剛、十地，
使我開解，如法修
行，
堅持佛戒，寧捨身
命，念念不去心。
若一切菩薩不發是
願者，犯輕垢罪。

首座，昌黎發悟於三平。上是所願逢之人。

（三）願聞大法。**常教我大乘經律**此是所願求之教，所詮之文義。下是願依文義，而證入所詮之道。**十發趣**、**十長養**、**十金剛**、**十地**。

（四）願依解起行。**使我開解，如法修行**。

（五）願行堅持。**堅持佛戒，寧捨**色**身**世**命，念念不去心**。法身慧命在乎願也。

後、不願結犯。

若一切菩薩不發是願者，犯輕垢罪。此是遮業，若無大願，難成大果，應發不發，隨事結犯。

若佛子！發是十大願已，持佛禁戒。作是誓言：
寧以此身投熾然猛火大坑刀山，終不

三十六、不發誓戒

門六、立誓厭故。

第三十六不發誓戒，前對順起願，今則對非立誓。猶馬雖有轡勒，更加鞭策，期其必至。欲期大果，若無決定大誓願力，恐遇順境不能打過，則所願必虛，故戒之也。

若佛子！發是十大願已，牒前之大願戒，一願孝順父母，二願求好師，三願求同學，四願求大法，五願求十發趣，六願求十長養，七願求十金剛，八願求十地，九願求開解佛乘，十願堅持佛戒。孝名為戒，始乎孝順，終乎持戒。戒乃貫諸願，而成始成終故，**持佛禁戒**，起後**作是誓言**：有十三種誓願。總有四段：

甲、不作非梵行誓。

寧以此身投熾然猛火大坑刀山，終不毀犯三世諸佛經律，與一切女人作不淨行。於一婬戒立十三大誓，餘戒皆准之。

毀犯三世諸佛經律，與一切女人作不淨行。
復作是願：寧以熱鐵羅網千重周匝纏身，終不以此破戒之身，受於信心檀越一切衣服。
復作是願：寧以此口吞熱鐵丸，及大流猛火，經百千劫，終不以此破戒之口，食於信心檀越百味飲食。

乙、不虛受供養誓。

分六：

（一）不虛受衣服誓，如遇寒時。**復作是願：寧以熱鐵羅網千重周匝纏身，終不以此破戒之身，受於信心檀越一切衣服。**

此下十一誓望前破婬戒受信施時立大誓願。初六信施四事等。

（二）不虛受飲食誓，如遇飢時。**復作是願：寧以此口吞熱鐵丸**渴時，**及大流猛火，經百千劫，終不以此破戒之口，食於信心檀越百味飲食**。為三義故，立此諸誓。一如此信施，是淨戒人受，今若犯戒，則為盜受。二諸施主等信佛語故，捨妻子糧為福施之。今毀禁受之，則為欺誑，既誤施主，蕩累如來。三如來大慈，分毫相功德，與遺法弟子得四事，何容餐佛福，而毀佛戒。經云：破戒之人，無一渧水分，鬼罵言「大賊」。是故寧受熱鐵等，不破戒受施也。

復作是願：寧以此身臥大流猛火，羅網熱鐵地上，終不以此破戒之身，受於信心檀越百種床座。

復作是願：寧以此身受三百矛刺身，經一劫二劫，終不以此破戒之身，受於信心檀越百味醫藥。

復作是願：寧以此身投熱鐵鑊，經百千劫，終不以此破戒之身，受於信心檀越，千種房舍屋宅、園林田地。

復作是願：寧以鐵

（三）不虛受臥具誓，如倦時。**復作是願：寧以此身臥大流猛火，羅網熱鐵地上，終不以此破戒之身，受於信心檀越百種床座**。

（四）不虛受醫藥誓，如病時。**復作是願：寧以此身受三百矛刺身，經一劫二劫，終不以此破戒之身，受信心檀越百味醫藥**。

（五）不虛受田舍誓，如居止時。**復作是願：寧以此身投熱鐵鑊，經百千劫，終不以此破戒之身，受於信心檀越，千種房舍屋宅、園林田地**。此乃誓不破戒，非誓不受供也。破戒受供，苦報必劇。

（六）不虛受禮拜誓，如自尊自重時。**復作是願：寧以鐵鎚打碎此身，從頭至足令如微塵，終不以此破戒之身，受於信心檀越恭敬禮拜**。此亦誓不破戒非誓不受拜也。有謂戒德多虧，遂

鎚打碎此身，從頭至足令如微塵，終不以此破戒之身，受於信心檀越恭敬禮拜。

復作是願：寧以百千熱鐵刀矛挑其兩目，終不以此破戒之心，視他好色。

復作是願：寧以百千鐵錐劖刺耳根，經一劫二劫，終不以此破戒之心，聽好音聲。

復作是願：寧以百千刃刀割去其鼻，終不以此破戒之

低身答拜，甚至禮天神敬白衣，既無救於破戒之罪，又更敗壞出家儀式。前七護戒律儀，後五護根律儀。

丙、不染汙六根誓。約五根對五塵，皆以破戒之心為主，即意根為政也。

（一）淨眼根誓，如眼對色時。**復作是願：寧以百千熱鐵刀矛挑其兩目，終不以此破戒之心，視他好色。**以壞清淨法眼故。

（二）淨耳根誓，如耳對音聲時。**復作是願：寧以百千鐵錐劖刺耳根，經一劫二劫，終不以此破戒之心，聽好音聲。**

（三）淨鼻根誓，如鼻對香時。**復作是願：寧以百千刃刀割去其鼻，終不以此破戒之心，貪嗅諸香。**

（四）淨舌根誓，如取飲食時。**復作是願：寧以百千刃刀割斷其舌，終不以此破戒之心**，前以破戒受人供養而言，此以邪心

心，貪嗅諸香。
復作是願：寧以百千刃刀割斷其舌，終不以此破戒之心，食人百味淨食。
復作是願：寧以利斧斬破其身，終不以此破戒之心，貪著好觸。
復作是願：願一切眾生悉得成佛。
而菩薩若不發是願者，犯輕垢罪。

貪著滋味，即名破戒心也**食人百味淨食**。

（五）淨身根誓，如身對好觸時。**復作是願：寧以利斧斬破其身，終不以此破戒之心，貪著好觸**。以上三科十二願是自利行，下一誓願乃利他行。

丁、本為化眾生誓，亦即證果誓。

復作是願：願一切眾生悉得成佛。自利利他，俱成正覺。若無此誓迴向佛道，前來諸誓，只是人天福報，或二乘小果而已。

結犯：**而菩薩若不發是願者，犯輕垢罪**。不發則失決定不退之益，隨發隨得堅固進趣之益。

若佛子！常應二時頭陀，冬夏坐禪、結夏安居。常用楊枝、澡豆、三衣、瓶、缽、坐具、錫杖、香爐奩、漉水囊、手巾、刀子、火燧、鑷子、繩

三十七、冒難遊行戒

門七、離難故，前明護戒心堅，不避炎灰，今則存心長道微難皆離。

第三十七冒難遊行戒，前言發誓度生，雖慈悲廣大，恐初心菩薩，道力未充，不能一切無礙，凡遇難處不可輕遊，故戒之也。遇難多作退道因緣，不遊堪使身心進道。

初、制所修行。

若佛子！**常應**欲冒難遊行，先示無難可冒之法。**二時**春秋，**頭陀**此云抖擻，抖去客塵煩惱，以求無上道故。**冬夏坐禪**、**結夏安居**。**常用楊枝**清心淨口、**澡豆**皂角超俗染、**三衣**蔽形除貪、**瓶**滌垢、**缽**斷邪命、**坐具**敷之坐禪、**錫杖**表智、**香爐奩**表信、**漉水囊**顯慈、**手巾**潔垢、**刀子**斷愛、**火燧**表慧、**鑷子**拔煩惱毒刺、**繩床**表脫貢高、**經**開心地道、**律**護三業、**佛像**本師、**菩薩形像**善

床、經、律、佛像、菩薩形像。而菩薩行頭陀時，及遊方時，行來百里千里，此十八種物常隨其身。頭陀者從正月十五日至三月十五日，八月十五日至十月十五日。是二時中，此十八種物常隨其身，如鳥二翼。

若布薩日，

友。生我者父母，成我者師友，何敢時刻忘之。又佛是果人，菩薩是因人，未成佛者，觀已成佛，我必如是證。觀未成佛，我必如是修。正為安居行道榜樣，所以當供其妙像也。**而菩薩行頭陀時，及遊方時，行來百里千里，此十八種物常隨其身。頭陀者**，二時**從正月十五日，至三月十五日**春分之時。**八月十五日，至十月十五日**秋分之時。**是二時中，此十八種物，常隨其身**居則可安，行則可用，去住得自便矣，**如鳥二翼**。

次、**明布薩儀**。

若布薩日布薩，此云作法辦事，又云我對說，又名相向說罪。又云共住。《戒本疏》翻淨住，以半月半月誦戒文，檢三業，若有犯則令悔，無犯默然，使戒淨同住故也。義言長養，有二義，一清淨戒住，二增長功德。又言和合。善見云：何得知正法久住？若說戒法不壞是。摩得伽云：布薩者，捨諸惡不善法，及諸煩惱有受，

新學菩薩，半月半月常布薩，誦十重四十八輕戒。

若誦戒時，當於諸佛菩薩形像前

證得白法究竟梵行事，故名也。

又云，半月半月自觀身；從前半月至今半月中間，不犯戒耶？若有犯者於同意所懺悔。《十誦》云：知布薩法者，盡應供養，不者得罪，以無佛時，是人補處故。說戒人先當闇誦令通利，莫僧中說時錯謬。《增一阿含》云：降伏魔力怨，除結盡無餘，露地擊犍椎，比丘聞當集，諸欲聞法人，度流生死海，聞此妙響音，盡當雲集此。次入堂時便合掌恭攝致禮說偈言：「持戒清淨如滿月，身口皎潔無瑕穢，大眾和合無違諍，爾乃可得同布薩。」說已各依位隨次而坐。又布薩此云長養，為半月誦戒時，自審無犯，法身由此增長也。亦云淨除，謂自審有犯，對眾懺悔得淨除罪障也。**新學菩薩，半月半月常布薩，誦十重四十八輕戒**。

若誦戒時，諦審有犯無犯，各為懺悔，明誦處**當於諸佛菩薩形像前誦**。明布薩儀**一人布薩，即一人誦。若二人三人**，乃至誦，一人布薩即一人誦，若二人三人至百千人，亦一人誦。誦者高座，聽者下坐，各各披九條、七條、五條袈裟。若結夏安居時，亦應一一如法。

若行頭陀時莫入難處：若惡國界，若惡國王、土地高下、草木深邃、師子虎狼、水火風難、及以劫賊、道路毒蛇，一切難處悉不得入。

頭陀行道，乃至夏坐安居，是諸難

百千人，亦一人誦使不亂聽，信也。**誦者高座**尊戒為師，**聽者下座，各各披九條、七條、五條袈裟**。**若結夏安居時**，不准頭陀遊方時，結冬亦然，可見行止去就，皆須以戒為師。**亦應一一如法**。

中、舉諸難處，略舉十二。

若行頭陀時莫入難處，既明無難可冒之法，不可以我能持戒，而冒入有難之地。下正明其難：（一）**若惡國界**、**若惡國王**、（二）**土地高下**、（三）**草木深邃**、（四）**師子**、（五）**虎**、（六）**狼**、（七）**水**、（八）**火**、（九）**風難**、（十）**及以劫賊**、（十一）**道路毒蛇**、（十二）**一切難處悉不得入**。

後、制不應往。

若**頭陀行道**，**乃至夏坐安居**，**是諸難處**，**皆不得入**。**若故入者**，**犯輕垢罪**。若自調心，若調眾生，若更無處，暫時在中，

處，皆不得入。若故入者，犯輕垢罪。

若更無好路，理應不犯。

若佛子！應如法次第坐：先受戒者在前坐，後受戒者在後坐，不問老少、比丘、比丘尼、貴人、國王、王子、乃至黃門、奴婢，皆應先

三十八、乖尊卑次序戒

門八、無亂故，前令外避厄難，今使內順眾儀，由上布薩誦戒而來。

第三十八乖尊卑次序戒。孟子：「朝廷莫如爵，鄉黨莫如齒，輔世長民莫如德。」一則知佛法中先後坐者，是以戒為爵也。不敬戒律，則遠離正法。依戒相敬，乃出生勝益故。

初、舉法總制。

若佛子！應如法次第坐：先受戒者在前坐，後受戒者在後坐。

次、就人辨定。

不問老少、比丘、比丘尼、貴人、國王、王子、乃至黃門、奴婢，各自一類而分先後，**皆應先受戒者在前坐，後受戒者次第而坐**。

受戒者在前坐，後受戒者次第而坐。莫如外道癡人，若老若少，無前無後，坐無次第，如兵奴之法。我佛法中，先者先坐、後者後坐。而菩薩一一不如法次第坐者，犯輕垢罪。

中、揀非顯是。

莫如外道癡人，若老若少，無前無後，坐無次第，如兵奴之法。我佛法中，先者先坐、後者後坐。

後、明違制結。

而菩薩一一不如法次第坐者，犯輕垢罪。若癡狂、若身當說法、若疑他大己，便居下坐。若大眾坐定，自後到來，不犯。雲棲云：此犯有二：一是令坐者，二是坐者，兩俱得罪。

《普照三昧》云：阿闍世王，請文殊齋，文殊尊讓迦葉前行曰：大迦葉久為沙門，世間所有羅漢，皆從仁後，仁當前行。迦葉答云：計於法律，不以年歲為尊。法律所載，智慧為尊，神智聖達，乃為可尊；諸根明徹，乃為可尊。文殊乃前行也，以闍王之請意在文殊，不在迦葉。如天帝釋請華嚴師，置座五百應真之上，即其類也。文殊始讓迦葉，不敢違古佛之恆規。迦葉終遜文殊，所以順請主之本意，此二大士正破我慢貢高之弊。

三十九、不修福慧戒

門九、利樂故，前制坐儀，今制引導故也。

第三十九不修福慧戒，福慧二善如鳥二翼。修福備依報可以安身，修慧使正報流通佛法。俾一切眾生離苦得樂，非苟圖一己之受用。若乃非理募化，自附營修，以公濟私，誤因昧果，所謂天堂未就，地獄先成，如是修福不如避罪。

要令一切眾生植福植慧以成佛故，修福總有七事：

（一）建僧房，以為眾僧棲息修道處故。

（二）治山林，便眾經行，兼以足材薪故。

（三）治園圃，以種植果蔬供佛僧故。

（四）治田地，田以插穀，地以種粟，而備久遠資糧，使得僧眾安心以辦道故。

（五）建佛塔，莊佛相好，嚴淨國界，遠近瞻依，增福慧故。

若佛子！常應教化一切眾生，建立僧坊，山林園田立作佛塔，冬夏安居坐禪處所，一切行道處皆應立之。

而菩薩應為一切眾生，講說大乘經

（六）治安居坐禪處，所以為息定有所歸止，易得定故。

（七）治一切所行道處皆應立者，如行〈準提咒〉者應為立準提堂。乃至觀音勢至、文殊普賢、藥師彌陀等行，隨一切行人所行，一切行門，皆應為立一切處所，令彼安隱行道故。以上隨力應修，遇緣當為而不為，一一結犯。

初、化令修福，以滿自他檀波羅蜜。

若佛子！常應教化一切眾生，一興隆「僧寶」以修福，**建立僧坊，山林園田**。二興隆「佛寶」，**立作佛塔**。三興隆「法寶」，**冬夏安居，坐禪處所，一切行道處，皆應立之**。以上修「福德」。

次、制為講法。

而菩薩應為一切眾生，以圓自他般若波羅蜜**講說大乘經律**。令修「慧德」。

律，若疾病、國難賊難、父母兄弟、和尚阿闍黎亡滅之日，及三七日，四五七日，乃至七七日，亦應講說大乘經律。一切齋會求願，行來治生、大火所燒、大水所漂、黑風所吹船舫、江河大海羅剎之難，

中、救其苦厄，正明令修菩薩智慧德相。

若疾病能療眾生無明宿患，**國難**能守護心王，**賊難**摧破惡魔，**父母兄弟，和尚阿闍黎**能資導冥識，**亡滅之日，及三七日，四五七日，乃至七七日，亦應講說大乘經律**。以得圓滿一切眾生所有心願故，**一切齋會求願**，以具足一切如意法財故。下救災厄：

（一）**行來治生**，治生不利時。

（二）**大火所燒**，火災，使解脫一切熱惱，令清涼故。

（三）**大水所漂**，水災，以能令超脫一切愛河，到彼岸故。

（四）**黑風所吹船舫**，風災，以能解脫一切無明，穩駕法船，度眾生故。

（五）**江河大海羅剎之難**，鬼難，以能令害心頓歇，鬼氣潛消。

亦應讀誦講說此經律。乃至一切罪報，三惡八難七逆，杻械枷鎖繫縛其身，多婬、多瞋、多愚癡、多疾病，皆應講此經律。

而新學菩薩若不爾者，犯輕垢罪。

如是九戒，應當學，敬心奉持。梵壇品當廣明。

俱解脫故，**亦應讀誦講說此經律**。

下救罪報、三毒等難：**乃至一切罪報，三惡八難七逆**。此經律能化惡為善，轉難成祥，逆返為順故。**杻械枷鎖，繫縛其身**。救牢獄。謂此經律如大赦書，能令身心速解脫故。**多婬、多瞋、多愚癡、多疾病，皆應講此經律**。謂此經律具足戒定慧樂，能滅一切貪瞋慧苦，能除身心病患，令證五分法身故。依此修福修慧，方名自利利他。

後、**而新學菩薩若不爾者，犯輕垢罪**。隨力應修。遇緣當為而不為者，一一結犯。力不及者無犯。不修則失二種莊嚴。修則菩提資糧，任運增長。或常修禪誦等一切勝業，無暇他營，無犯。

總結前九。**如是九戒，應當學**，上句結勸自利，下句結勸奉持流通**敬心奉持**。〈**梵壇品**〉**當廣明**。梵壇，此云默擯，良以非理違犯，不受調伏，故以此治之。彼品中明此義，故以為名。

若佛子！與人受戒時，不得揀擇。一切國王、王子、大臣、百官、比丘、比丘尼、信男、信

〈九〉以戒攝受門

四十、揀擇授戒戒

自下九戒，初五以戒攝受。門一、攝器故。

第四十揀擇授戒戒，前講法引生，今授戒攝物故也。謂此戒平等，一切皆應得受，若分貴賤高下，應受不授，不應受而授者，先已得罪，豈可為師，故戒之也。不揀有二：一授戒法不揀。二授衣法不揀。但凡有心者，皆當作佛故。

初、明「授戒不揀」，總攝戒器。

佛言：**若佛子！與人受戒時，不得揀擇。一切國王、王子、大臣、百官、比丘、比丘尼、信男、信女、婬男、婬女、十八梵天、六欲天子、無根、二根、黃門、奴婢、一切鬼神，盡得受戒。**《發隱》云：此心地中非尊非卑，非道非俗，非男非

女、婬男、婬女、十八梵天、六欲天子、無根、二根、黃門、奴婢、一切鬼神，盡得受戒。

應教身所著袈裟，皆使壞色與道相應，皆染使青黃赤黑紫色，一切染衣，乃至臥具盡以壞色，身所著衣一切染色。

女，非穢非淨，非天非人，非全非缺，非良非賤，非顯非幽，一味平等，無二無別，何所去取而生揀擇耶？上與授戒是令心體如法，下與授衣乃令身相亦如法也。

次、明「授衣不揀」，教其衣色。

應教身所著袈裟，此云不正色，謂五色互相和染。**皆使壞色**，離外染心故。**與道相應**，**皆染使青**、**黃**、**赤**、**黑**、**紫色**即木蘭色，**一切染衣**，**乃至臥具**，**盡以壞色**。皆用五種壞色，非正色也。**身所著衣**，**一切染色**。

若一切國土中，國人所著衣服，比丘皆應與其俗服有異。

若欲受戒時，師應問言：汝現身不作七逆罪否？菩薩法師，不得與七逆人現身受戒。七逆者：出佛身血、弒

五部律

- （一）彌沙塞部　究暢幽密，應著青色。
- （二）摩訶僧祇部　宣說真義，應著黃色。
- （三）曇無德部　開導利益，應著赤色。
- （四）薩婆多部　導以法化，應著黑色。
- （五）迦葉遺部　快攝眾生，應著紫色。

上應不揀竟。下應有揀亦有二法，先明「衣中有揀」。

若一切國土中，國人所著衣服，比丘皆應與其俗服有異。

中、問遮揀器，次明「戒中有揀」。

若欲受戒時，師應問言：汝現身不作七逆罪否？菩薩法師，不得與七逆人現身受戒。七逆者：（一）出佛身血、（二）弒父、（三）弒母、（四）弒和尚、（五）弒阿闍黎、（六）破羯磨轉法輪僧、（七）弒聖人。若具七逆，即現身不得戒，餘一切人盡得受戒。

父、弒母、弒和尚、弒阿闍黎、破羯磨轉法輪僧、弒聖人。若具七逆，即現身不得戒，餘一切人盡得受戒。

出家人法，不向國王禮拜、不向父母禮拜，六親不敬、鬼神不禮。

但解法師語，有百里千里來求法者，而菩薩法師，以惡心瞋心，而不即與授一切眾生戒者，犯輕垢罪。

下、制不拜俗。

出家人法，不向國王禮拜、不向父母禮拜，六親不敬、鬼神不禮。以道自重，不務世禮，凡遇君親隱顯，一概以戒為體，不行俗禮也。

後、違求結犯。

但解法師語，有百里千里來求法者，而菩薩法師，以惡心瞋心，而不即與授一切眾生戒者，犯輕垢罪。

開緣：若知機緣未熟，不堪受者無犯。如沙門道進，求曇無讖受菩薩戒，讖不許，且命悔過。七日七夜竟，詣讖求受，讖大怒，不答。進自念業障未消，復更竭誠禮懺；首尾三年，乃夢釋迦文佛授以戒法。明日詣讖，欲說所夢，未至數步，讖即驚起，口唱善哉，已得戒矣，我當為汝作證；次第於佛像前，更說戒相。此則見機利益，先不為授；雖示大怒，非惡心瞋心也。

四十一、為利作師戒

門二、揀非故。前實有解來求不與，今實無德強為他作師，皆所不應故。此戒大小俱制，唯遮不開。

第四十一為利作師戒，戒：即是戒除一切惡，行一切善。故得戒菩薩，名為清淨眾。功課上之「上來現得清淨眾」，即指戒體清淨之菩薩而言，倘有虧戒體，即非清淨眾。菩薩之所以異於外道惡人者，即此戒而已。戒的要旨，即要戒除貪、瞋、癡三毒。此三毒中貪字尤為最甚。萬惡都從此貪字上生。世人貪名貪利，喪身失命。菩薩貪名貪利，獲罪無量，永墮地獄。

況於木叉戒壇之中，作教誡法師，先教新戒弟子持銀錢戒，自己則不明大乘經律，上、下交征利。以不稟戒之法師，傳戒於不知懺悔之弟子，只貪利養，也不詳詰其七逆與否，也不知教犯戒者懺悔之法則，罪業未淨，即與受戒。如此即犯為利作師戒，永墮地

若佛子！教化人起信心時，菩薩與他人作教誡法師者，見欲受戒人，應教請二師：和尚、阿闍黎。二師應問言：汝有七遮罪否？若現身有七遮

獄。蓋內無實解，外為名利，強為詐現，有誤人之失，實與社會上無執照，而開業行醫相同，故制。

初、辨師德。

若佛子！教化人起信心時。舉能教，顯所教，有根性義。是要教化，是人發起自心作佛的信念。**菩薩與他人作教誡法師者**，教誡法師即教授阿闍黎。比丘戒法，於僧中受，故和尚及羯磨闍黎，皆須現在比丘為之；菩薩戒法於十方諸佛菩薩前受，故現在法師，但得為教授阿闍黎。

次、教弟子。

見欲受戒人，應教請二師：和尚、阿闍黎。教請二師有二義：一謂於人中請此二師授菩薩戒，如授沙彌十戒法。二遙請本師釋迦佛等為和尚，親請傳戒師為闍黎。《善戒經》云：師有二種：一是不可見，謂佛菩薩僧是。二可見，謂戒師是。從是二師得菩

罪者，師不應與受戒，若無七遮者，得與受戒。

薩戒。**二師應問言：汝有七遮罪否**？審明無遮難者，方堪與授戒也。七遮即七逆，以障受戒故名遮也。**若現身有七遮罪者，師不應與受戒，若無七遮者，得與受戒**。

《善戒經》約通問十種事，具者方得受戒。

（一）具三戒否？（五戒、十戒、具足戒）

（二）發菩提心否？

（三）是真實菩薩否？

（四）能捨一切內外所有物否？

（五）能不惜性命否？

（六）能於貪處不貪否？

（七）能於瞋處不瞋否？

（八）能於癡處不癡否？

（九）能於畏處不畏否？

若有犯十重者，應教懺悔：在佛菩薩形像前，日夜六時，誦十重四十八輕戒，苦到禮三世千佛，得見好相，若一七日，二三七日，乃至一年，要見好相。好相者，佛來摩頂，見光、

（十）能於我所受一切菩薩戒否？

皆應答言：「能爾。」若具足應先問七遮，後問上十德。方可得受。若在家菩薩戒，十中除初，餘皆同問。又受菩薩戒，以本師為和尚，補處為闍黎，亦即以十方佛為同壇尊證，十方菩薩為同學善友。隨機廣略，如法即可。

中、明受戒後懺悔之法。

若有犯十重戒**者，應教懺悔**。依《善戒經》，菩薩覆罪，重於本罪，但覆僧殘，即波羅夷。**在佛菩薩形像前，日夜六時，誦十重四十八輕戒**。知所犯戒，深生慚愧，觀罪性空，慇勤悔過，如救頭然之急相。**苦到禮三世千佛**，過去莊嚴劫華光佛一千、現在賢劫俱留孫佛等一千、未來星宿劫日光佛等一千。**得見好相，若一七日，二三七日，乃至一年，要見好相。好相者**或坐禪中，或禮拜中，或睡臥中，或經行中**佛來摩頂**，佛昔以百福莊嚴

見華種種異相，便得滅罪；若無好相，雖懺無益，是人現身亦不得戒，而得增益受戒。若犯四十八輕戒者：對首懺悔，罪便得滅，不同七遮。而教誡師於是法中，一一好解。

若不解大乘經律，若輕若重、是非之相，

兜羅緜手，摩捋病人病即除愈。今來摩頂，罪豈不滅。**見光**黑業消除之相，**見華**結縛解脱之相，**種種異相**，不作聖心名罪滅境，若生聖解即墮群邪，**便得滅罪**。**若無好相，雖懺無益，是人現身亦不得戒，而得增益受戒**。**若犯四十八輕戒者，對首懺悔，罪便得滅，不同七遮**。下明於上所説，制令委解。**而教誡師於是法中，一一好解**。於大乘經律，輕重開遮是非之相，一一明徹，不得以輕作重，以重作輕，應當懺者，教令懺悔。應復戒者，即與復戒。毋得以是為非，以非為是，有誤人也。

下、實無所知，明不解者不堪為師。

有五：

（一）不解戒法，**若不解大乘經律**，**若輕若重**、**是非之相**。輕則易懺，重則難懺。是犯須懺，非犯則不須懺。倘輕罪説重、重罪説輕；犯謂非犯、非犯謂犯。不能使人決疑出罪，則不堪為師。

不解第一義諦，
習種性、
長養性、
性種性、
不可壞性、
道種性、
正法性，
其中多少觀行出

（二）不解理法，**不解第一義諦**。即是戒之體性，亦即心地之正因，常住之極果。

（三）不解位法，從因至果攝為六種性。

一、**習種性**：十住位，初住如來家，修十波羅蜜，研習空觀，破見思惑，習成菩提種性。

二、**長養性**：十行位，運四無量行，四攝法，饒益眾生，長養聖胎法身慧命。

三、**性種性**：十向位，菩提種子已熟，迴向真如平等法界理中，順法界之種性。

四、**不可壞性**：十地位，證如實理。

五、**道種性**：金剛道後等覺位。

六、**正法性**：妙覺位，已成無上正等正覺佛位。

（四）不解行法，**其中多少觀行出入**。如十住位中，空觀多

入，十禪支一切行法，

一一不得此法中意。

而菩薩為利養故、為名聞故，惡求多求、貪利弟子，而詐現解一切經律，為供養故，是自欺詐、亦欺詐他人。故與人授戒者，犯

假觀少。十行位中，假觀多空觀少。十向位中，中道觀多，空、假觀少。十地位中，自初地至六地前，無相觀少，有相觀多。至七地以後，純無相觀，故云「多少觀行」。出入者，即三昧中出定入定之方便法。**十禪支**。即四禪中所修觀法。初定五支，二定一支，三定三支，四定一支；總束十八支為十支也。（前定心位中已明）**一切行法**。結上觀行法門。

（五）總結無知，**一一不得此法中意**。是即不堪為人師範。

後、為利詐解。

而菩薩為利養故、**為名聞故**，**惡求多求**、**貪利弟子**，**而詐現解一切經律**，**為供養故**，**是自欺詐**，**亦欺詐他人**。

結、作已結犯。

故與人授戒者，**犯輕垢罪**。若學猶未成，他來逼請，不為利等，應可。

輕垢罪。

若佛子！不得為利養故，於未受菩薩戒者前、若外道惡人前，說此千佛大戒；邪見人前，亦不得說，除國王，餘一切不得說。

四十二、為惡人說戒戒

門三、外護故。前則為利詐解，今則為利妄傳。前云，不解經律，不得為利，妄說是戒，此言能解法者，亦不得貪利而濫說也。

第四十二為惡人說戒戒，惡人有多種，但不受菩薩戒、及不信三寶、毀謗戒律者，俱名惡人。

初、總制。

若佛子！不得為利養故，於未受菩薩戒者前、若外道惡人前，說此千佛大戒；

次、通塞。

邪見人前，亦不得說，除國王，興滅三寶，惟其意故，**餘一切不得說**。佛法咐囑二人：一佛弟子為內護，二國王為外護；故當說。

是惡人輩，不受佛戒，名為畜生，生生之處，不見三寶，如木石無心，名為外道，邪見人輩，木頭無異。

而菩薩於是惡人前，說七佛教戒者，犯輕垢罪。

中、釋惡人。

是惡人輩，**不受佛戒**，**名為畜生**，**生生之處**，**不見三寶**，**如木石無心**，**名為外道**，且畜生中，尚有報障輕者，或時聞佛言，即得解脫。如龍聽法，而即悟道。蟒聞懺法「梁皇懺」而即生天。今人不受佛戒，尚不如畜生乎？然而形雖若人，實同木石無心。況木石之為物，亦有感應道交之時，生公說法，頑石點頭，今人不受佛戒，頑石之不若矣，**邪見人輩**，**木頭無異**。

後、違制結犯。

而菩薩於是惡人前，**說七佛**以該千佛**教戒者**，**犯輕垢罪**。若執不揀，泛濫說戒，甚非所宜。應須生重法心，慎勿示之以易，令彼愚頑，倍增藐忽。說則輕褻正法，不說則屏翰正教；此戒唯遮不開。

若佛子！信心出家受佛正戒，故起心毀犯聖戒者，

四十三、無慚受施戒

門四、內護故。前不應說而說，今則不應犯而犯。此戒無別制，但起心犯餘戒，即亦犯此戒也。

第四十三無慚受施戒，慚愧之水，能滌罪垢；若無慚愧，則其罪垢日日深厚，以是帶罪受供，真可憐愍。

初、總明先後二心。

若佛子！**信心**因正**出家**，**受佛正戒**。緣正，是明好心為道，堪為福田，常受供養。**故起心毀犯聖戒者**。有心作業，非關宿障云「故起心」。犯聖戒即失福田，不堪受供。前心云「正戒」，後心云「聖戒」者：「正」，謂此心戒離偏邪故。「聖」，謂此心戒諸佛共證說故。

中、顯過。

訶責有八：

不得受一切檀越供養，
亦不得國王地上行，
不得飲國王水，

五千大鬼常遮其前，鬼言大賊。若入房舍城邑宅中，鬼復常掃其腳跡。

一切世人咸皆罵言：佛法中賊。

（一）供施無少毫分，**不得受一切檀越供養**。

（二）大地無一足分，**亦不得國王地上行**。

（三）飲水無一滴分，《佛藏》云：我聽持戒比丘而受供養，破戒比丘，我則不聽受一飲水。**不得飲國王水**。《俱舍》云：犯根本戒，於大眾食及僧住處，佛不許此噉一段食，踐一腳跟之地。

（四）鬼遮罵賊，**五千大鬼常遮其前**，得罪於幽隱、鬼得而惡之，**鬼言大賊**。世間劫盜，於佛法中尚有所畏；破戒之人，不敬佛法、不畏因果，凡受檀施，皆為竊用。內無慚，外無愧，非賊之大者乎。**若入房舍城邑宅中，鬼復常掃其腳跡**。

（五）世人亦罵之，**一切世人咸皆罵言：佛法中賊**。得罪於顯明，人得而辱之。《佛藏》云：破戒比丘，竊入我法，此人著衣食飯皆是盜得。又言：我滅度後，持戒比丘，能令佛法久住。破戒比丘，能令佛法速滅。是知破戒者，乃佛法中賊也。

一切眾生，眼不欲見；犯戒之人，畜生無異、木頭無異。

若故毀正戒者，犯輕垢罪。

（六）如怨詐親，**一切眾生，眼不欲見**。

（七）以是罪身同故，**犯戒之人，畜生無異**。

（八）無所知故，**木頭無異**。

後、制毀結犯。

若故毀正戒者，犯輕垢罪。任其故起，則障增上戒、障增上心、障增上慧，得輕垢罪。若能開覺，則戒根堅固，定慧可剋。

若佛子！常應一心

四十四、不供養經典戒

門五、恭敬故。前令不毀禁戒，今制令敬法故也。

第四十四不供養經典戒，上言毀戒者，人鬼俱訶。持戒者，天龍悉護。如是皆由受戒功德之力，是故應當供養，流通戒法、流通佛法。法師有六種：一受持，二讀誦，三書寫，四禮拜，五講演，六供養。此中有五，以供養中具禮拜也。

又流通佛法有事有理，以事雖多，不出二種：（一）捨身命，即剝皮為紙、刺血為墨等，捨不堅固世間身命，書寫佛戒，流通常住法寶，智慧身命。（二）捨財寶，又二，一捨輕財，即以木皮、竹紙等；二捨重財，常以七寶無價香華等。捨此不堅固之世財，流通常住出世之法寶財。

初、制受持。

若佛子！常應一心舉能信之心，即一念無間之心，**受持**所信

受持、讀誦大乘經律。剝皮為紙，刺血為墨，以髓為水，析骨為筆，書寫佛戒。木皮穀紙，絹素竹帛，亦應悉書持。常以七寶，無價香華，一切雜寶為箱囊，盛經律卷。若不如法供養者，犯輕垢罪。

之法。

次、制讀誦。**讀誦大乘經律**。

中、制書寫，明尊重供養流通之義。分二：先與難，不惜內財**剝皮為紙，刺血為墨，以髓為水，析骨為筆，書寫佛戒**。後況易，**木皮穀紙，絹素竹帛，亦應悉書持**。

下、制令供養。**常以七寶，無價香華**不惜外財，**一切雜寶為箱囊，盛經律卷**。

後、違制結犯。**若不如法供養者，犯輕垢罪**。若病、若貧，無得處、若常入深定、若恆說法，理應無犯。

若佛子！常起大悲心。若入一切城邑舍宅，見一切眾生，應當唱言：汝等眾生，盡應受三

〈十〉以悲教化門

四十五、不化眾生戒

後四以悲教化。門一、唱導故。前則於法不敬，今則於生不化。

第四十五不化眾生戒，由前捨身命財，流通戒法，若不廣化眾生，受持佛戒，仍是法教之不普耳。故戒之也。又菩薩弘願誓度無邊，與此相違，即乖大士行願，故制。

初、制化人類。

若佛子！常起大悲心，明能化之本因心。菩薩以度盡眾生為願，見眾生在世，若不能離，如切膚痛，故發拔苦之大悲心，常而不斷也。**若入一切城邑舍宅**，**見一切眾生**，明大悲心行所入處，**應當唱言**明化方便，**汝等眾生**各俱佛性，由汝背覺合塵人天

皈十戒。

若見牛馬豬羊，一切畜生，應心念口言：汝是畜生，發菩提心。

而菩薩入一切處，山林川野，皆使一切眾生發菩提心。

是菩薩，若不發教

路絕，今當覺知。**盡應受三皈十戒**。乃一切眾生所歸覺路。《菩薩戒本經》云：「若人聞三寶名，則不墮三惡道，何況至心皈依三寶。」《戒壇經》云：「皈依佛者永離地獄，皈依法者永離餓鬼，皈依僧者永離傍生。」所以三寶為大舟航，為大慈父，能保眾生不墮苦趣，出生死之苦海，到菩提之覺岸也。

次、明化畜生類。

若見牛馬豬羊，一切畜生，推廣以明度生之普。**應心念口言：汝是畜生**，亦具有知覺者，**發菩提心**。彼無領解故，以此言警覺，成自熏修，則與彼作遠勝因。

中、立制定位。

而菩薩入一切處，山林川野，皆使一切眾生發菩提心。

後、違制結犯。

是菩薩，若不發教化眾生心者，犯輕垢罪。不化則失二利，

化眾生心者，犯輕垢罪。

化則二利增長。

《瑜伽》教化眾生善巧方便，略有六種：

（一）能令有情，以少善根，感無量果。

（二）能令有情，小用功力，引攝廣大善根。

（三）憎背聖教，除其恚惱。

（四）處中有情，令其趣入。

（五）已入令熟。

（六）已熟解脫。

若佛子！常應教化起大悲心。若入檀越貴人家，一切眾中，不得立為白衣說法，應在白衣眾前，高座上坐；法師比丘不得地立為四眾說法。若說法時，法師高

四十六、說法不如法戒

門二、說化故。前教人發心，今則教令敬法故。

第四十六說法不如法戒，上文所云「若入城邑曠野，凡見一切眾生，皆普教化，使發菩提之心」，然此不過一二語，故隨便為說。若為人眾分析說法之時，又即不可輕褻而說。

初、制非儀。

若佛子！常應教化起大悲心。標明菩薩本行心。**若入檀越貴人家，一切眾中**，明用悲之處。貴人多慢，故偏舉之。非儀有三：（一）人坐己立，**不得立為白衣說法**。（二）人高己下，**應在白衣眾前，高座上坐**；（三）人在座，己在非座，**法師比丘不得地立，為四眾**白衣**說法**。

中、教正則。

有五：（一）**若說法時，法師高座**。（二）**香華供養**。明說

座，香華供養，四眾聽者下坐。如孝順父母，敬順師教，如事火婆羅門。

其說法者，若不如法說，犯輕垢罪。

者如法。《攝論》云：「若人戒足雖羸劣，而能說法利多人，如佛世尊應供養，受彼所說相似故。」以展請法至誠，法師乃可代佛應機而說也。下明聽眾如法。（三）**四眾聽者下坐**。（四）**如孝順父母**。（五）**敬順師教**，**如事火婆羅門**。婆羅門事火，致敬盡禮，故借為喻；欲其以事邪法之心，事正教也。

後、違制結犯。

其說法者，**若不如法說**，有三種：（一）身儀，謂立等。（二）心念，謂求名利等。（三）語業，謂非法說法，法說非法，及俗言詞等。《智論》云：「唯說諸行法，及實相法，方為法施。」餘皆非也。**犯輕垢罪**。

開緣：除為病人說法，一切無犯。

若佛子！皆以信心受佛戒者，若國王、太子、百官、四部弟子，自恃高貴，破滅佛法戒律。

四十七、非法制限戒

門三、遮惡故。前說法非儀，今恃威滅法，為失既重，故次制也。

第四十七非法制限戒，上言必應高座上坐，如法為說。惟恐聽法者自恃尊位，必不如法從聽，反起傲慢惡心，而作破法罪業，故戒之也。

初、總明滅法。

分三：（一）本以信心受戒，**若佛子！皆**明道俗尊卑，一切佛弟子**以信心受佛戒者**。同立護法之心，非局外人也。（二）自恃高貴，**若國王**、**太子**、**百官**、**四部弟子**，**自恃高貴**。（三）**破滅佛法戒律**。有三義：一者、身雖受戒，高心未除，見僧高座上坐，輒生我慢，故起破法之心。二者、或見師友說過舉罪，不肯降心受誨，而欲掩恥，故起破法之心。三者、或初本是信心身在法

明作制法，制我四部弟子，不聽出家行道，亦復不聽造立形像佛塔、經律，立統官制眾，使安籍記僧。菩薩比丘地立，白衣高座，廣行非法，如兵奴事主。

而菩薩正應受一切人供養，而反為官走使，非法非律。若國王百官，好心受佛戒者，莫作是

中，後來見有壞法不肖之流，於三寶不生信敬，故起破法之心。

中、別顯滅相。

有二：（一）障其出家修道，**明作制法，制我四部弟子，不聽出家**即破僧寶**行道**。（二）障造像、造經，即破佛法二寶，**亦復不聽造立形像佛塔、經律**。若於惡人不令出家，不須造像而市賣等，理應無犯。**立統官制眾，使安籍記僧**。令照世應役，與民無異，**菩薩比丘地立，白衣高座，廣行非法，如兵奴事主**。申明非法之法，為制籍所轄屬。

後、違教結犯，勸明不可破義。

而菩薩正應受一切人供養，而反為官走使，非法非律。

若國王百官，好心受佛戒者，莫作是破三寶之罪。《佛藏經》云：國王長者，從禮事三寶中來。豈可昧其來因，而不為善？是乃自失將來福慧之因，反招惡業之果。**若故作破法者**，佛苟一往不

破三寶之罪。若故作破法者，犯輕垢罪。

曾言此，可以破滅。今既已言之，即不看僧面，當看佛面矣。而復故作破滅三寶者**犯輕垢罪**。《寶積》第四卷云：「為子出家，父母障止，即其父母，乃感七世貧婆之報。」況壞佛法之報應乎？

《付法藏經》云：「闍夜多尊者，詣城乞食，見一烏，便微笑。弟子問之，尊者曰：過去劫中，我欲出家，父母不聽，強為聘妻，得一子，六歲，我復欲去，父母教兒抱住我腳，啼哭言：父若捨我，依誰養活？先當殺兒，然後可去。由此兒故，不得出家。從是九十一劫，流轉六道，未曾得見。今以道眼觀見彼烏，乃是前子。」

《老女人經》云：「時有貧窮老女人，聞佛說法，心開意解。阿難白佛：此女人何以智慧乃爾？佛言：是我前世發意學道時母也。又問：是母何貧乃爾？佛言：拘留孫佛時，我欲作沙門，是母慈愛，不聽我去。我愁一日不食，由是五百世貧。今者壽盡，當生彌陀佛國。」

若佛子！以好心出家，而為名聞利養，於國王百官前，說佛戒者，

四十八、破法戒

門四、護正故。前恃白威，今恃他勢，各皆損法。

第四十八破法戒，上為在家菩薩破佛法戒，此乃出家菩薩自破法戒。內眾有過，應依內法治問，如向白衣者說罪，使受外俗刑罰之辱，實使佛法貽羞，故名破法。亦乖護法之心，故制。文中分五：

初、舉過令離。

若佛子！以好心出家，而標明出家之因心。下明道心不恆，**而為名聞利養，於國王百官前，說佛戒者**，申明為名利之事，其義有三：（一）尊貴之人，素所崇敬故，在彼前而說佛戒，令彼信受，增長善根，得以護法，注念三寶故。（二）尊貴之人，威力自在，仗彼威力，壓己同行，橫與比丘、比丘尼，及菩薩戒弟子作繫縛事，如獄囚法，令不出離。如兵奴法，使聽其命，以辱同類故。

橫與比丘、比丘尼、菩薩戒弟子，作繫縛事；如獄囚法，如兵奴之法；如師子身中蟲，自食師子肉，非餘外蟲。如是佛子，自破佛法，非外道天魔能破。

若受佛戒者，應護佛戒，如念一子，如事父母，不可毀破。

（三）因自不能守戒，見持戒者，反加毀謗，故於尊貴人前，說佛戒者，乃本無持無犯，以持犯者但束身耳，是橫與比丘比丘尼等，作繫縛事、安居等事，即如獄囚之法，自纏自縛，不得解脫。事上座事，亦似兵奴之法，以是謗言，使佛戒不致流通。

橫與比丘、比丘尼、菩薩戒弟子，作繫縛事；如獄囚法令不出離，**如兵奴之法**使其聽命；**如師子身中蟲，自食師子肉，非餘外蟲。如是佛子，自破佛法**，合上之喻**非外道天魔能破**。

次、舉德制修。

若受佛戒者，應護佛戒，如慈母**念一子**，（下有故）以愛子之心，愛佛法之弟子，則慈無不至矣。**如**孝子**事**於**父母**，尊親之至，所謂諸佛阿耨菩提，皆從此經出，**不可毀破**愛惜之深。

中、聞非勸傷。

而菩薩聞外道惡人，以惡言謗破佛戒之聲，如三百矛刺

而菩薩聞外道惡人，以惡言謗破佛戒之聲，如三百矛刺心，千刀萬杖打拍其身，等無有異。寧自入地獄，經於百劫，而不一聞惡人，以惡言謗破佛戒之聲。

而況自破佛戒，教人破法因緣，亦無孝順之心。

若故作者，犯輕垢罪。

如是九戒，應當學，敬心奉持。

心，千刀萬杖打拍其身，等無有異。寧自入地獄，經於百劫，而不一聞惡人，以惡言謗破佛戒之聲。

下、況自親作。

而況自破佛戒，教人破法因緣，亦無孝順之心。

經文初以孝順至道之法，孝名為戒為言。終以亦無孝順之心一語為結。照應其嚴乎？

後、故作結犯。

若故作者，犯輕垢罪。破壞法門，損辱僧侶故。

總結上九：**如是九戒，應當學，**勸修**敬心奉持。**勸持。

以上五番總結，乃隨別釋小科而結之也。

諸佛子！是四十八輕戒，汝等受持。過去諸菩薩已誦、未來諸菩薩當誦、現在諸菩薩今誦。

〈十一〉總結戒相

結告其人，**諸佛子**！舉法勸受持，**是四十八輕戒，汝等受持**。引同行者以勸誦，**過去諸菩薩已誦、未來諸菩薩當誦、現在諸菩薩今誦**。

諸佛子聽！十重四十八輕戒，三世諸佛已誦、當誦、今誦，我今亦如是誦。

汝等一切大眾，若國王王子百官、比丘比丘尼、信男信女，受持菩薩戒者，應受持讀誦，解說書寫，佛性常

陸、勸持流通

〈一〉流通本戒

明流通分五：

（一）舉佛同誦

諸佛子聽！十重四十八輕戒，三世諸佛已誦、當誦、今誦，我今亦如是誦。

（二）勸眾令持

汝等一切大眾，若國王王子百官，比丘比丘尼，信男信女，受持菩薩戒者，應受持讀誦，解說書寫，佛性常住戒卷。

佛性常住，明理法湛然也。戒卷流通，明教法常住也。佛性為成佛本有之因，戒卷為外緣傳受，謂從過去傳至現在，現在向未來輾轉相授，故下文云不絕也。

住戒卷，流通三世，一切眾生，化化不絕。得見千佛，佛佛授手，世世不墮惡道八難，常生人天道中。我今在此樹下，略開七佛法戒，汝等大眾，當一心學波羅提木叉，歡喜奉行。如無相天王品勸學中，一一廣明。三千學士，時坐聽者，聞佛自

（三）明流通不絕

流通三世，一切眾生，化化不絕。

（四）明傳授利益

分三：一者、見佛益**得見千佛，佛佛授手**，明秉戒人，與佛相鄰次不遠也。二者、永離惡趣益**世世不墮惡道八難**。三者、得生善趣益**常生人天道中**。

（五）舉法結勸

分四：一者、結已略說。**我今在此樹下，略開七佛法戒**。佛之戒既從七佛而來，則知此心地戒壇，在毘盧遮那光中，不曾一日而閉矣。略開能所：「能說之人」不止七佛，所謂三世諸佛同說也；「所說之戒」非止十重四十八輕，所謂如毛頭許者是。二者、勸學令修**汝等大眾，當一心學波羅提木叉，歡喜奉行**。三者、指彼廣文**如〈無相天王品〉勸學中，一一廣明**。四者、明眾聞奉

誦，心心頂戴，歡喜受持。

持**三千學士**，即三千世界中同秉菩薩者，亦即在會諸菩薩，總該天龍八部道俗貴賤，聽誦奉行者，皆稱學士；學大士，學無上士也。**時坐聽者，聞佛自誦，心心頂戴，歡喜受持**。不敢忘失佛性種子也。

爾時釋迦牟尼佛，說上蓮華臺藏世界，盧舍那佛所說心地法門品中，十無盡戒法品竟。千百億釋迦亦如是說，

從摩醯首羅天王

〈二〉總結本品

結顯一佛多佛，本佛迹佛，所說心地戒法，以勸流通大略之義。先准此方一迹佛所說，而例結千百億佛所說，皆從末以歸本也。分四：

（一）遍結說〈心地品〉

爾時即上囑咐大眾，聽受心地戒法之好時也，**釋迦牟尼佛，說上蓮華臺藏世界，盧舍那佛所說〈心地法門品〉中，十無盡戒法品竟**。舉十重，不舉四十八輕者，此十戒義含無盡，舉十則一切戒悉皆攝盡，況四十八輕耶？行布圓融一一事理竟。**千百億釋迦**，則千華上佛，亦在其中矣。**亦如是說**。

（二）略舉總十處說

從摩醯首羅天王宮，至此道樹下，十住處說法品，為一切

宮，至此道樹下，十住處說法品，為一切菩薩、不可說大眾，受持讀誦解說，其義亦如是。千百億世界、蓮華藏世界、微塵世界，

一切佛

心藏、

地藏、

菩薩、不可說大眾，各各**受持讀誦解說**，**其義亦如是**。上以正報之迹，而結完正報之本。下以依報之伴世界，而結完依報之主世界，以明本迹互融，依正交徹也。**千百億世界**中佛，**蓮華藏世界**中佛，乃至**微塵世界**中佛。世界內，本佛、迹佛。

（三）明所說之法

此**一切佛**所說有十無盡藏。

一、三十心：**心藏**一切佛心無盡藏。「通」則一切諸法皆屬於心，「別」則指三十心。蓋心者，即盧舍那，千釋迦，千百億釋迦佛，及無量無數不可說不可說，本佛、迹佛，主佛、伴佛，所證所說之常住真心也。此心雖一，而古往今來，一切聖凡之法，無不藏在此心之中。生天生地，過去無始，未來無終，故曰藏。諸佛在此分為三十心，不離一心藏也。

二、十地：**地藏**即一切佛地無盡藏。「通」則一切諸法皆名

戒藏、

無量行願藏、

為地，「別」則指於十地。蓋心體平等無二，而能出生一切諸善功德，故云藏也。又謂無量無邊無數不可說，不可說佛之本迹世界，主伴理事互融，凡聖交徹，無不依此生起長養，而圓熟故，謂之地藏。

三、十重四十八輕：**戒藏**，即一切佛戒無盡藏。「通」收一切諸法皆名為戒，「別」指十重四十八輕。謂世界之廣大，諸佛之眾多，無不由此心地戒，而證此心地果，說此心地法。則知有世界，即有諸佛；有諸佛，即有無量無邊，不可說不可說之戒品，故曰戒藏。

四、行藏。

五、願藏：**無量行願藏**，即三賢十聖所起一切佛：無量行無盡藏、無量願無盡藏。「通」亦收一切法，「別」指六度萬行，十大願王。戒須行成，行由願滿。然則心地戒既無量無邊，其行與願

因果佛性常住藏，

從此心地發者，又豈有盡乎？故曰無量無盡。

六、因藏。七、果藏。八、佛性藏。九、常住藏。即一切佛：

因果佛性常住藏因無盡藏，果無盡藏，佛性無盡藏，常住無盡藏。「通」則一切諸法皆名因藏、果藏、佛性藏、常住藏。

「別」則：

六、因藏：以不生不滅之心地為因，百劫修行此心地，謂之因藏。因該果海，因地無邊，則因無盡。

七、果藏：成舍那千華上佛千百億釋迦佛，謂之果藏。果徹因源，果海無限，則果無盡。

八、佛性藏：一切眾生本覺之自性，該凡聖彌古今，廣大周遍，不可測量，故曰佛無盡藏。佛性非因非果，而因果不離佛性，故曰大乘因者諸法實相，大乘果者諸法實相。實相即佛性。諸佛如彼之多，世界如彼之廣，戒與行願如彼之深，因與果如彼之大，然總不離乎當人之一佛性也，故謂之佛性藏。

九、常住藏：一切眾生本覺之心體，不生不滅，無去無來，常住無盡之佛性中，曰一切佛常住無盡藏。今因亦佛性，果亦佛性，則因果亦皆常住。

常住藏者，讚此佛性，雖隨緣立名，而性無遷改。如在「心」，名為不生不滅，清淨本心。在「地」，名為真如平等理地。在「戒」，名為光明金剛寶戒。在「行」，名為普賢萬行。在「願」，名為諸大願王。在「因」，名為本源自性深因。在「果」，名為究竟無上菩提涅槃妙果。

佛多，佛性不見其多。界廣，佛性不聞其廣。戒與行願雖深，佛性不隨有深。因之與果雖大，佛性不同其大。則世出世間，佛與眾生有成與不成。此心地戒，行願因果佛性，無成與不成。以不變隨緣，隨緣不變，故謂之常住藏也。

如是一切佛說無量，一切法藏竟。

俱言藏者，謂此心、地、戒、行、願、因、果、佛性八種，廣博包含，圓融遍攝，具足一切，無有窮盡。又此心、地、戒、行、願、因、果七種為「別」，佛性是「總」。常住二字，是讚詞，讚此佛性雖隨緣立名，而性無遷故。

十、一切法藏：**如是一切佛說無量，一切法藏竟**。上能被之佛與教。惟其心、其地、其戒、其行、其願、其因、其果、其佛性、其常住，一一皆無量無邊無數，不可說不可說之無盡。故十方諸佛，或說心、或說地、或說戒，乃至或說佛性常住，一一法門，亦無量無邊無數，不可說不可說之無盡也。一佛所說既然，則一切三世十方諸佛所說皆然。所說一心藏既然，則其餘九藏亦皆然也。不妨舉一心藏，即攝其餘地等之九藏，而即入地等之九藏也。即遍即融，即隱即顯，即始即終。此一心藏既然，則其餘九藏亦皆然也。

千百億世界中，一切眾生受持，歡喜

如是法門，一即多，多即一；小即大，大即小；深即淺，淺即深；廣即狹，狹即廣；彼即此，此即彼；有即無，無即有；化儀、化法，重重無盡。詎可以心思而口議乎？則知此經之大本，雖計一百十二卷，六十一品，亦是無量中之有量，無數中之有數，被吾人下劣之機緣而言者也，故曰如是一切佛說等。此十無盡藏，凡舉一法，即該盡十法，十該百，百該千，千該萬。一法為主，九法為伴，然後餘九法各各為主，則一法復各為九法之伴。如是重重，以至於無量無邊，無數無盡，不可說不可說亦不可說也，故謂之法藏。竟者，止也，謂從廣開略之法門，止於此也。

（四）明大眾奉行

下明所被之機，亦成十無盡藏。

千百億世界中，**一切眾生受持**，一切佛心藏、地藏等，十無盡藏。**歡喜奉行**。亦如此界等無有異，如是本佛迹佛，迹迹之佛，

奉行。若廣開心地相相。如佛華光王七行品中說。

說法度生，大略如此。**若廣開心地相相**，謂此一心地相之相，略開成十無盡藏者，亦不過約相而言相也。若約體與用廣開者，則其相又豈拘於一乎？**如〈佛華光王七行品〉中說**。此乃結集經者與譯師之所記，以見其廣不可言也。

明人忍慧強，
能持如是法，
未成佛道間，
安獲五種利：

一者十方佛，
憫念常守護；

〈三〉結讚流通

一、讚持戒益

明人忍慧強，能知如來祕密之藏，雖肉眼即是佛眼。忍即定，有慧無忍，是名狂慧。有忍無慧，是名愚定。二乘定多慧少，不見佛性。權位菩薩慧多定少，雖見佛性而不了了。故須忍慧俱強，方為明人。吾人學忍，先則執身不行，次則執心不起。有此忍心，則從戒生定，從定發慧，自然識知，世出世間最上之法。忍強不被物轉，慧強則能轉物，忍慧皆強，即是明人。**能持如是法**，決定當來成佛。**未成佛道間，安獲五種利**：

（一）佛護益：**一者十方佛，憫念常守護**；戒是十方諸佛所證所說之心地。故持戒者，諸佛常守護也。佛尚守護，則一切天地神鬼無不宗奉此人，自然進道無魔，得紹佛種。

二者命終時，
正見心歡喜；
三者生生處，
為諸菩薩友；
四者功德聚，
戒度悉成就；
五者今後世，
性戒福慧滿，
此是諸佛子，
智者善思量。

（二）善終益：**二者命終時**，**正見心歡喜**；戒是諸佛慧命，故持戒者，命將終時，正見慧命中，略無一毫人欲之私，純乎一同體天理故，心生歡喜。遠離顛倒夢想無惡境現前，故云正見。

（三）好侶益：**三者生生處**，**為諸菩薩友**；戒是生生世世，在在處處之良友，故持戒者，恆為諸大菩薩所友，以無惡黨混同故。

（四）德備益：**四者功德聚**，**戒度悉成就**；戒是一切出世功德所屯聚處，故具足戒者，度生死，得解脫，六度彼岸從此而成就矣。無一法不具足故。前（四）是因，後（五）是果。

（五）道成益：**五者今後世**，**性戒福慧滿**，得名稱兩足尊故，全性起修故福由慧滿，全修顯性故慧由福滿。戒是生佛同體中兩足尊故。具足戒者，此世他生於道易悟，福慧自滿。**此是諸佛子**，**智者**當於此戒體中**善思量**。勿使錯亂而修。

計我著相者，
不能生是法，
滅壽取證者，
亦非下種處。
欲長菩提苗，
光明照世間，

二、勸觀戒體

（一）申明智者善思量。**計我**外道、**著相**凡夫**者**，具為根塵所縛**不能生是法**，益顯凡夫、二乘皆不善思量也。無受而受，無持而持，清淨之戒法也。蓋凡夫三毒燒心，五欲絆體，或尊為天子，富有四海，彼方計我為尊相，彼禿頂沙門為卑相，我安能捨己之長，從彼之短，而胡跪膜拜，恭敬其人而受戒乎？故曰不能等。則知經中所言國王、王子、百官，能受佛戒者，真是菩薩應世，實非計我相之凡夫也。**滅壽取證者**二乘之人，取不生為永壽，**亦非下種處**。二乘坐證澄潭死水，如繫驢橛相似，誰肯復回心向四生九類，而下成佛之種子，受菩薩戒於同類之法師乎？故曰亦非等。此二種人，一執世相，一取法相，皆非明人智者。

（二）諸法實相。**欲長菩提苗**自覺，**光明照世間**覺他。菩提之苗長於心，菩提之光照於世，此所謂有諸中而形諸外也。**應當**由

應當靜觀察，
諸法真實相。
不生亦不滅，
不常復不斷，
不一亦不異，
不來亦不去，
如是一心中，
方便勤莊嚴。

戒而定**靜**不計有**觀**慧，不著空**察**，非定慧雙修不能也，**諸法**內之根身，外之器界，四諦十二因緣等，**真實**無妄**相**，即本吾人圓滿佛性，清淨戒體。凡夫執有，二乘著空，皆不察諸法之實相使然也。何耶？以著有者，多分段生死之妄生，不得諸法之不生；趣寂者，多變易生死之妄滅，不得諸法之不滅。

（三）八不觀察。**不生亦不滅**，若靜觀諸法之實相者，則處有不生，居空不滅，以此清淨戒體，不屬緣生，不屬緣滅故；此破凡夫與二乘，令受心地戒者觀察也，上破凡小。下破外道，**不常**以本剎那無住不變隨緣故。**復不斷**，萬古恆如故。隨緣不變故，**不一**類殊難合故。理隨於事故，**亦不異**，同體難分故。事隨於理故，**不來**迎之莫知所至。迷無所從來故**亦不去**，追之莫知所從，悟之亦無所滅。**如是**觀察諸法實相**一心中**，即三十心十地毘盧法界寂滅心中，以先悟此心為本因地，復依此心而起方便道。**方便勤**修種種行門，以**莊嚴**無上菩提。

《合註》云：一心，即三十心十地，乃重輕諸戒之體性。悟此體性，然後方便勤莊嚴之。一心，是正因理性。靜觀，是了因慧性。方便，是緣因善性。又觀察及持戒皆名方便莊嚴。觀察，即理方便，名為智慧莊嚴。持戒，即事方便，名為功德莊嚴。又勤方便而不靜觀察，則有為有漏無所莊嚴。靜觀察而不勤方便，則枯槁空寂，無能莊嚴。故須於一心中，方便勤莊嚴。此是菩薩所應作事，應當次第學之。勿謂此是學事，墮在第二門頭。不知稱性之修，學即無學。於無學中而熾然習學。雖言次第，如空中鳥迹，不同漸次法門。

故以學者言，萬行紛然，一念叵得，實相心地毫無增故。以無學言，一念不生，全體具足，實相心地，毫無欠故。此心地中，但無生滅斷常一切諸相，即是莊嚴，即是勤學。

菩薩所應作，
應當次第學，
於學於無學，
勿生分別想。
是名第一道，
亦名摩訶衍，
一切戲論惡，
悉從是處滅，
諸佛薩婆若，

（四）中道菩提。**菩薩所應作**，實非凡小外道能作。**應當次第學**，諸法實相，雖現成一心，不妨由戒生定，由定生慧。**於學於無學**，即於研真斷惑之有學處，真窮惑盡之無學處。**勿生分別想**，於此勿生分別有無等想。

以有學則多分處俗，似不異乎凡夫故。無學則多分處空，以不異乎二乘故。一生有為分別之想，即話成兩撅。不生不滅之法，又成生滅矣。故云勿生。則趣真，真不異俗，涉假，假不離空。二邊不住，中道斯立。中道既立，則向之長養菩提之苗，至此都成菩提之果矣。果實既彰，名德茲顯，如是則名摩訶衍之大乘矣。

是名第一道，即上一心二字，無分別處中道宛然。**亦名摩訶衍**，即上方便二字。大乘佛法，運載自他，同入大涅槃城故**一切戲論惡**，向之生滅斷常一異來去等，**悉從是處滅**。**諸佛薩婆若**，翻一切智智，乃一心三智，究竟極果之總名，**悉由是**〈心地戒品〉**處**

悉由是處出。

出。

《合註》云：無作妙修，全同理性，名第一道。無學妙性，起於真修，名摩訶衍。以是第一道故，能滅凡外二乘種種戲論。以是摩訶衍故，能出諸佛薩婆若果。由第一道堪運摩訶衍乘，由摩訶衍乘堪到薩婆若地。由薩婆若妙合無戲論理。梵網心地，果徹因該，理趣至此極矣。

是故諸佛子，
宜發大勇猛，
於諸佛淨戒，
護持如明珠。

過去諸菩薩，
已於是中學，
未來者當學，
現在者今學，

三、勸護迴向

勉其精進於菩薩所應作，為明人為智者也。**是故諸佛子，宜發大勇猛**，此勉其精進之心。**於諸佛淨戒**，勉其所勇猛之事。**護持如明珠**。《合註》云有三義：

（一）潔淨義，護持勿使染汙，「體」是無上至寶，法身：律儀戒。

（二）圓滿義，護持勿使殘缺，「相」是圓滿明淨，般若：攝善戒。

（三）光明義，護持勿使昏暗，「用」能雨物濟貧，解脫：攝生戒。

過去諸菩薩，已於是中學，未來者學當，現在者今學。申明所以勉者，以三世因人，無不由戒而成行也。**此是佛行處**，三世諸佛本因地中經行之處**聖主**亦即我本師舍那佛之**所稱歎**。**我已**

此是佛行處，
聖主所稱歎。
我已隨順說，
福德無量聚，
迴以施眾生，
共向一切智，
願聞是法者，
悉得成佛道。

隨順說，上隨諸佛下順機宜**福德無量聚**。

下四句總結說心地戒本意，俾各各皆以此戒為因地心。**迴以施眾生**，悲心下化**共向一切智**海。成究竟一切種智。悲智雙運，名上求菩提心。不同凡夫、二乘故。本由發菩提心方受此戒，今誦此戒仍迴向菩提也。**願聞是法者**，得大因。一歷耳根，永為道種。**悉得成佛道**。成果速，不待來世。因大果速之法，佛不悋而迴以施我曹，吾人詎可不知恩報德，身則朝夕行之，口則半月半月誦之乎？上云眾生受佛戒，即入諸佛位，豈虛言哉！

結歸本體：所現千釋迦、千百億釋迦，光光所化無量無邊微塵釋迦，於此會歸自舍那如來。千世界、千百億世界，微塵數世界，於此會歸自性華藏之本源心地。所說或重或輕，無量無邊戒法，於此會歸自性尸羅之法門。所度若僧若俗，若貴若賤，無量無邊一切眾生，於此會歸自性有情之眾生。如是心地妙戒，甚深法門，不可思議。普願法界一切有情，世世生生，同發金剛不壞之心，常隨諸佛修學，共證無上菩提妙果。

廣本毘尼藏，薄祐莫能見。戀此菩薩戒，集義隨分釋。
願此摩尼燈，恆耀十方界。示導諸群生，至大菩提所。

《梵網經．菩薩心地品》下卷（終）

附錄

〔附表一〕十處圓融行布表

會次	說法處所	所說法門	倒駕慈航	持波羅蜜	寄乘修證
第一會	人間，妙光堂	十信	初地，歡喜菩薩	布施度	寄人乘金輪王，修十善
第二會	忉利天，帝釋宮	十住	二地，離垢菩薩	持戒度	寄欲界天乘，修上品十善
第三會	夜摩天	十行	三地，發光菩薩	忍辱度	寄色無色界天乘，修上品十善
第四會	兜率天	十迴向	四地，燄慧菩薩	精進度	寄初果預流乘，修於道品觀
第五會	化樂天	十禪定	五地，難勝菩薩	禪定度	寄阿羅漢乘，修四聖諦觀
第六會	他化天	十地	六地，現前菩薩	般若度	寄緣覺乘，修十二因緣觀
第七會	初禪，離生喜樂地	十金剛	七地，遠行菩薩	方便度	寄菩薩乘，修金剛觀智
第八會	二禪，定生喜樂地	十忍	八地，不動菩薩	願行度	寄顯一乘，修十忍
第九會	三禪，離喜妙樂地	十願	九地，善慧菩薩	力行度	寄顯一乘，修十願
第十會	四禪，摩醯首羅天	圓頓心地	十地，法雲菩薩	智行度	寄顯一乘，頓修心地

〔附表二〕三聚淨戒涵攝表

三聚淨戒	轉三道	成三德	證三身	三大義	三般若	三誓願
攝律儀戒，止持、斷惡。	苦	斷德，法身。	法身佛，體人。	體大，潔汙義，護持勿使染汙，是無上至寶。	實相般若	願斷一切惡，以禁防為體，如日銷霜雪。
攝善法戒，作持、修善。	業	智德，般若。	報身佛，相大。	相大，圓滿義，護持勿使殘缺，是圓滿明淨。	觀照般若	願修一切善，以勤勇為體，如瓔珞莊嚴。
攝眾生戒，利他。	惑	恩德，解脫。	應化身佛，用大。	用大，光明義，護持勿使昏暗，能雨物濟眾。	方便般若	誓度一切眾生，以勤勇為體，如月清涼。

斷惡，修善，合為，利他，饒益，有情戒。

〔經文〕梵網經菩薩心地品．下卷

爾時盧舍那佛，為此大眾，略開百千恆河沙，不可說法門中心地，如毛頭許。

是過去一切佛已說、未來佛當說、現在佛今說。

三世菩薩已學、當學、今學。

我已百劫修行是心地，號吾為盧舍那。

汝諸佛轉我所說，與一切眾生，開心地道。

爾時蓮華臺藏世界，赫赫天光師子座上，盧舍那佛放光，光告千華上佛，持我心地法門品而去。

復轉為千百億釋迦，及一切眾生，次第說我上心地法門品。汝等受持讀誦，一心而行。

爾時千華上佛、千百億釋迦，從蓮華臺藏世界，赫赫師子座起，各各辭退，舉身放不可思議光，光皆化無量佛。一時以無量青、黃、赤、白華，供養盧舍那佛，受持上說，心地法門品竟。

各各從此蓮華臺藏世界而沒，沒已，入體性虛空華光三昧，還本源世界，閻浮提菩提樹下。

從體性虛空華光三昧出，出已，方坐金剛千光王座，及妙光堂，說十世界海。

復從座起，至帝釋宮，說十住。

復從座起，至燄天中，說十行。

復從座起，至第四天中，說十迴向。

復從座起，至化樂天，說十禪定。

復從座起，至他化天，說十地。

復至一禪中，說十金剛。
復至二禪中，說十忍。
復至三禪中，說十願。
復至四禪中，摩醯首羅天王宮，說我本源蓮華臺藏世界，盧舍那佛所說心地法門品。
其餘千百億釋迦，亦復如是，無二無別，如賢劫品中說。
爾時釋迦牟尼佛，從初現蓮華臺藏世界，東方來入天王宮中，說魔受化經已，下生南閻浮提，迦夷羅國。母名摩耶，父字白淨，吾名悉達。七歲出家，三十成道，號吾為釋迦牟尼佛。
於寂滅道場，坐金剛華光王座，乃至摩醯首羅天王宮，其中次第十住處所說。
時佛觀諸大梵天王，網羅幢因，為說無量世界，猶如網孔，一一世界，各各不同，別異無量，佛教門亦復如是。

吾今來此世界八千返，為此娑婆世界，坐金剛華光王座，乃至摩醯首羅天王宮，為是中一切大眾，略開心地法門竟。

復從天王宮，下至閻浮提菩提樹下，為此地上一切眾生、凡夫癡暗之人，說我本盧舍那佛心地中，初發心中，常所誦一戒：光明金剛寶戒。是一切佛本源、一切菩薩本源，佛性種子。

一切眾生皆有佛性，一切意、識、色、心、是情、是心，皆入佛性戒中。當當常有因故，當當常住法身。如是十波羅提木叉，出於世界，是法戒，是三世一切眾生頂戴受持。

吾今當為此大眾，重說十無盡藏戒品，是一切眾生戒本源，自性清淨。

我今盧舍那，方坐蓮華臺。
周匝千華上，復現千釋迦。

一華百億國，一國一釋迦。
各坐菩提樹，一時成佛道。
如是千百億，盧舍那本身。
千百億釋迦，各接微塵眾，
俱來至我所，聽我誦佛戒，
甘露門即開。
是時千百億，還至本道場，
各坐菩提樹，誦我本師戒，
十重四十八。
戒如明日月，亦如瓔珞珠，
微塵菩薩眾，由是成正覺。
是盧舍那誦，我亦如是誦，
汝新學菩薩，頂戴受持戒，

受持是戒已，轉授諸眾生。
諦聽我正誦，佛法中戒藏，
波羅提木叉，大眾心諦信，
汝是當成佛，我是已成佛，
常作如是信，戒品已具足。
一切有心者，皆應攝佛戒，
眾生受佛戒，即入諸佛位，
位同大覺已，真是諸佛子。
大眾皆恭敬，至心聽我誦。

爾時釋迦牟尼佛，初坐菩提樹下，成無上正覺已，初結菩薩波羅提木叉。孝順父母、師、僧、三寶，孝順至道之法，孝名為戒，亦名制止。

佛即口放無量光明，是時百萬億大眾、諸菩薩、十八梵天、六欲天子、十六大國王，合掌至心，聽佛誦一切諸佛大乘戒。

佛告諸菩薩言：我今半月半月，自誦諸佛法戒，汝等一切發心菩薩亦誦，乃至十發趣、十長養、十金剛、十地，諸菩薩亦誦。是故戒光從口出，有緣非無因，故光。光非青黃赤白黑，非色非心、非有非無、非因果法。是諸佛之本源，行菩薩道之根本，是大眾諸佛子之根本。是故大眾諸佛子，應受持、應讀誦、善學。

佛子諦聽：若受佛戒者，國王王子、百官宰相、比丘比丘尼、十八梵天、六欲天子、庶民黃門、婬男婬女、奴婢、八部鬼神、金剛神、畜生，乃至變化人，但解法師語，盡受得戒，皆名第一清淨者。

菩薩十重戒

佛告諸佛子言：有十重波羅提木叉，若受菩薩戒，不誦此戒者，非菩薩，非佛種子。我亦如是誦，一切菩薩已學、一切菩薩當學、一切菩薩今學。已略說菩薩波羅提木叉相貌，應當學，敬心奉持。

佛言：若佛子！若自殺、教人殺、方便殺、讚歎殺、見作隨喜，乃至咒殺。殺因、殺緣、殺法、殺業。乃至一切有命者，不得故殺。是菩薩應起常住慈悲心、孝順心，方便救護一切眾生。而反自恣心快意殺生者，是菩薩波羅夷罪。

若佛子！自盜、教人盜、方便盜、咒盜。盜因、盜緣、盜法、盜業。乃至鬼神有主、劫賊物，一切財物，一針一草，不得故盜。而菩薩應生佛性、孝順心、慈悲心，常助一切人生福生樂。

而反更盜人財物者，是菩薩波羅夷罪。

若佛子！自婬、教人婬，乃至一切女人，不得故婬。婬因、婬緣、婬法、婬業。乃至畜生女、諸天鬼神女，及非道行婬。而菩薩應生孝順心，救度一切眾生，淨法與人。而反更起一切人婬，不擇畜生，乃至母女姊妹、六親行婬，無慈悲心者，是菩薩波羅夷罪。

若佛子！自妄語、教人妄語、方便妄語。妄語因、妄語緣、妄語法、妄語業。乃至不見言見、見言不見，身心妄語。而菩薩常生正語、正見，亦生一切眾生正語、正見。而反更起一切眾生邪語、邪見、邪業者，是菩薩波羅夷罪。

若佛子！自酤酒、教人酤酒。酤酒因、酤酒緣、酤酒法、酤酒業。一切酒不得酤，是酒起罪因緣。

而菩薩應生一切眾生明達之慧。

而反更生一切眾生顛倒之心者，是菩薩波羅夷罪。

若佛子！口自說出家、在家菩薩、比丘、比丘尼罪過，教人說罪過。罪過因、罪過緣、罪過法、罪過業。

而菩薩聞外道惡人，及二乘惡人，說佛法中非法非律，常生慈心，教化是惡人輩，令生大乘善信。

而菩薩反更自說，佛法中罪過者，是菩薩波羅夷罪。

若佛子！自讚毀他、亦教人自讚毀他。毀他因、毀他緣、毀他法、毀他業。

而菩薩應代一切眾生受加毀辱，惡事向自己，好事與他人。若自揚己德，隱他人好事，令他人受毀者，是菩薩波羅夷罪。

若佛子！自慳、教人慳。慳因、慳緣、慳法、慳業。而菩薩見一切貧窮人來乞者，隨前人所須，一切給與。而菩薩以惡心、瞋心，乃至不施一錢、一針一草。有求法者，不為說一句一偈、一微塵許法。而反更罵辱者，是菩薩波羅夷罪。

若佛子！自瞋、教人瞋。瞋因、瞋緣、瞋法、瞋業。而菩薩應生一切眾生善根，無諍之事，常生慈悲心、孝順心。而反更於一切眾生中，乃至於非眾生中，以惡口罵辱，加以手打，及以刀杖，意猶不息；前人求悔善言懺謝，猶瞋不解者，是菩薩波羅夷罪。

若佛子！自謗三寶、教人謗三寶。謗因、謗緣、謗法、謗業。而菩薩見外道，及以惡人，一言謗佛音聲，如三百矛刺心。況口自謗，不生信心、孝順心，而反更助惡人、邪見人謗者，是菩薩波羅夷罪。

善學諸仁者！是菩薩十波羅提木叉，應當學。於中不應一一犯如微塵許，何況具足犯十戒。

若有犯者，不得現身發菩提心，亦失國王位、轉輪王位，亦失比丘、比丘尼位，亦失十發趣、十長養、十金剛、十地，佛性常住妙果，一切皆失。墮三惡道中，二劫三劫不聞父母、三寶名字，以是不應一一犯。

汝等一切諸菩薩今學、當學、已學，如是十戒應當學，敬心奉持。

八萬威儀品當廣明。

菩薩四十八輕戒

佛告諸菩薩言：已說十波羅提木叉竟，四十八輕今當說。

若佛子！欲受國王位時、受轉輪王位時、百官受位時，應先受菩薩戒。一切鬼神救護王身、百官之身，諸佛歡喜。既得戒已，生孝順心、恭敬心，見上座、和尚、阿闍黎、大德、同學、同見、同行者，應起承迎禮拜問訊。而菩薩反生憍心、慢心、癡心、瞋心，不起承迎禮拜，一一不如法供養，以自賣身、國城男女、七寶百物，而供給之，若不爾者，犯輕垢罪。

若佛子！故飲酒，而酒生過失無量。若自身手過酒器，與人飲酒者，五百世無手，何況自飲。亦不得教一切人飲，及一切眾生飲酒，況自飲酒，一切酒不得飲。若故自飲、教人飲者，犯輕垢罪。

若佛子！故食肉，一切眾生肉不得食。夫食肉者，斷大慈悲佛性種子，一切眾生見而捨去，是故一切菩薩，不得食一切眾生肉，食肉得無量罪。若故食者，犯輕垢罪。

若佛子！不得食五辛：大蒜、茖葱、慈葱、蘭葱、興渠。是五辛，一切食中不得食。若故食者，犯輕垢罪。

若佛子！見一切眾生犯八戒、五戒、十戒、毀禁，七逆八難，一切犯戒罪，應教懺悔。而菩薩不教懺悔，同住同僧利養，而共布薩，一眾說戒。而不舉其罪，不教悔過者，犯輕垢罪。

若佛子！見大乘法師、大乘同學、同見、同行，來入僧坊舍宅城邑，若百里千里來者。即起迎來送去、禮拜供養；日日三時供養，日食三兩金，百味飲食，床座醫藥，供事法師，一切所須盡給與之。常請法師三時說法，日日三時禮拜，不生瞋心、患惱之心，為法滅身，請法不懈。若不爾者，犯輕垢罪。

若佛子！一切處，有講法毘尼經律，大宅舍中有講法處，是新學菩薩，應持經律卷，至法師所，聽受諮問。若山林樹下、僧地房中，一切說法處，悉至聽受。若不至彼聽受諮問者，犯輕垢罪。

若佛子！心背大乘常住經律，言非佛說，而受持二乘聲聞、外道惡見、一切禁戒、邪見經律者，犯輕垢罪。

若佛子！見一切疾病人，常應供養，如佛無異，八福田中，看病福田是第一福田。若父母、師僧、弟子病、諸根不具，百種病苦惱，皆供養令差。而菩薩以瞋恨心不看，乃至僧坊，城邑、曠野、山林道路中，見病不救濟者，犯輕垢罪。

若佛子！不得畜一切刀杖、弓箭、矛斧、鬥戰之具，及惡網羅；殺生之器，一切不得畜。而菩薩乃至殺父母，尚不加報，況殺一切眾生。不得畜殺眾生具，若故畜者，犯輕垢罪。

如是十戒，應當學，敬心奉持，下六度品中當廣明。

若佛子！不得為利養惡心故，通國使命，軍陣合會，興師相伐，殺無量眾生。而菩薩尚不得入軍中往來，況故作國賊。若故作者，犯輕垢罪。

若佛子！故販賣良人、奴婢、六畜，市易棺材板木、盛死之具，尚不應自作，況教人作。若故自作、教人作者，犯輕垢罪。

若佛子！以惡心故，無事謗他良人善人、法師師僧、國王貴人，言犯七逆十重。於父母兄弟六親中，應生孝順心、慈悲心，而反更加於逆害，墮不如意處者，犯輕垢罪。

若佛子！以惡心故，放大火，燒山林曠野，四月乃至九月放火。若燒他人家屋宅城邑、僧坊田木、及鬼神官物，一切有主物，不得故燒。若故燒者，犯輕垢罪。

若佛子！自佛弟子，及外道惡人、六親、一切善知識，應一一教，受持大乘經律。應教解義理，使發菩提心、十發趣心、十長養心、十金剛心。於三十心中，一一解其次第法用。而菩薩以惡心瞋心，橫教二乘聲聞經律、外道邪見論等，犯輕垢罪。

若佛子！應好心先學大乘威儀經律，廣開解義味。見後新學菩薩，有從百里千里來求大乘經律，應如法為說一切苦行，若燒身燒臂燒指，若不燒身臂指供養諸佛，非出家菩薩。乃至餓虎狼師子，一切餓鬼，悉應捨身肉手足，而供養之，然後一一次第為說正法，使心開意解。而菩薩為利養故，應答不答、倒說經律文字，無前無後、謗三寶說者，犯輕垢罪。

若佛子！自為飲食、錢財利養名譽故，親近國王王子、大臣百官，恃作形勢，乞索打拍牽挽，橫取錢物。一切求利，名為惡求、多求、教他人求，都無慈心、無孝順心者，犯輕垢罪。

若佛子！應學十二部經，誦戒者，日夜六時持菩薩戒，解其義理，佛性之性。而菩薩不解一句一偈，及戒律因緣，詐言能解者，即為自欺誑，亦欺誑他人。一一不解，一切法不知，而為他人作師授戒者，犯輕垢罪。

若佛子！以惡心故，見持戒比丘，手捉香爐，行菩薩行，而鬥遘兩頭，謗欺賢人，無惡不造者，犯輕垢罪。

若佛子！以慈心故，行放生業，一切男子是我父、一切女人是我母，我生生無不從之受生，故六道眾生，皆是我父母，而殺而食者，即殺我父母，亦殺我故身。一切地水是我先身，一切火風是我本體。故常行放生，生生受生，常住之法，教人放生。若見世人殺畜生時，應方便救護，解其苦難，常教化講說菩薩戒，救度眾生。若父母兄弟死亡之日，應請法師講菩薩戒經律，福資亡者，得見諸佛，生人天上。若不爾者，犯輕垢罪。

如是十戒，應當學，敬心奉持，如滅罪品中，廣明一一戒相。

若佛子！不得以瞋報瞋、以打報打。若殺父母兄弟六親，不得加報。若國主為他人殺者，亦不得加報。殺生報生，不順孝道。尚不畜奴婢，打拍罵辱，日日起三業，口罪無量，況故作七逆之罪。而出家菩薩，無慈心報仇，乃至六親中，故報者，犯輕垢罪。

若佛子！初始出家未有所解，而自恃聰明有智、或恃高貴年宿、或恃大姓高門、大解大福、大富饒財七寶，以此憍慢，而不諮受先學法師經律。其法師者，或小姓年少、卑門貧窮下賤、諸根不具，而實有德，一切經律盡解。而新學菩薩，不得觀法師種姓，而不來諮受法師第一義諦者，犯輕垢罪。

若佛子！佛滅度後，欲以好心，受菩薩戒時，於佛菩薩形像前，自誓受戒，當以七日佛前懺悔，得見好相便得戒。若不得好相，應二七三七、乃至一年，要得好相。得好相已，便得佛菩薩形像前受戒。若不得好相，雖佛像前受戒，不名得戒。若先受菩薩戒法師前，受戒時，不須要見好相。何以故？是法師，師師相授，故不須好相。是以法師前受戒時，即得戒，以生至重心故，便得戒。若千里內無能授戒師，得佛菩薩形像前，自誓受戒，而要見好相。若法師自倚解經律、大乘學戒，與國王太子，百官以為善友。而新學菩薩來問，若經義、律義，輕心、惡心、慢心，不一一好答問者，犯輕垢罪。

若佛子！有佛經律，大乘法、正見、正性、正法身，而不能勤學修習，而捨七寶。反學邪見二乘、外道俗典、阿毘曇、雜論、一切書記，是斷佛性，障道因緣，非行菩薩道者。若故作者，犯輕垢罪。

若佛子！佛滅度後，為說法主、為行法主、為僧坊主、教化主、坐禪主、行來主，應生慈心，善和鬥諍，善守三寶物，莫無度用，如自己有。而反亂眾鬥諍、恣心用三寶物者，犯輕垢罪。

若佛子！先在僧坊中住，後見客菩薩比丘，來入僧坊、舍宅城邑，若國王宅舍中，乃至夏坐安居處，及大會中。先住僧應迎來送去，飲食供養、房舍臥具、繩床木床，事事給與。若無物，應賣自身，及男女身，割自身肉賣，供給所須，悉以與之。若有檀越來請眾僧，客僧有利養分，僧坊主應次第差客僧受請。而先住僧獨受請，而不差客僧者，僧坊主得無量罪，畜生無異、非沙門、非釋種姓，犯輕垢罪。

若佛子！一切不得受別請，利養入己，而此利養屬十方僧。而別受請，即是取十方僧物入己，及八福田中，諸佛聖人，一一師僧父母、病人物，自己用故，犯輕垢罪。

若佛子！有出家菩薩、在家菩薩，及一切檀越，請僧福田求願之時，應入僧坊問知事人，今欲請僧求願。知事報言：次第請者，即得十方賢聖僧。而世人別請五百羅漢、菩薩僧，不如僧次一凡夫僧。若別請僧者，是外道法；七佛無別請法，不順孝道。若故別請僧者，犯輕垢罪。

若佛子！以惡心故、為利養販賣男女色，自手作食、自磨自舂，占相男女、解夢吉凶、是男是女，咒術工巧、調鷹方法，和合百種毒藥、千種毒藥、蛇毒、生金銀毒、蠱毒，都無慈愍心、無孝順心。若故作者，犯輕垢罪。

若佛子！以惡心故，自身謗三寶，詐現親附。口便說空、行在有中。經理白衣，為白衣通致男女，交會婬色，作諸縛著。於六齋日、年三長齋月，作殺生、劫盜、破齋犯戒者，犯輕垢罪。

如是十戒，應當學，敬心奉持，制戒品中廣明。

佛言：佛子！佛滅度後於惡世中，若見外道、一切惡人劫賊，賣佛、菩薩、父母形像、及賣經律、販賣比丘、比丘尼，亦賣發菩提心菩薩道人；或為官使，與一切人作奴婢者。而菩薩見是事已，應生慈悲心，方便救護，處處教化，取物贖佛菩薩形像，及比丘、比丘尼、發心菩薩、一切經律。若不贖者，犯輕垢罪。

若佛子！不得販賣刀杖弓箭、畜輕秤小斗、因官形勢，取人財物、害心繫縛、破壞成功、長養貓狸豬狗。若故養者，犯輕垢罪。

若佛子！以惡心故，觀一切男女等鬥，軍陣兵將劫賊等鬥，亦不得聽吹貝鼓角，琴瑟箏笛箜篌，歌叫妓樂之聲，不得摴蒲圍棋，波羅塞戲，彈棋陸博、拍毱擲石投壺、牽道八道行城、爪鏡蓍草、楊枝鉢盂髑髏而作卜筮，不得作盜賊使命，一一不得作。若故作者，犯輕垢罪。

若佛子！護持禁戒，行住坐臥，日夜六時，讀誦是戒，猶如金剛。如帶持浮囊，欲渡大海，如草繫比丘。常生大乘善信，自知我是未成之佛，諸佛是已成之佛。發菩提心，念念不去心。若起一念二乘外道心者，犯輕垢罪。

若佛子！常應發一切願，孝順父母師僧。願得好師、同學、善知識，常教我大乘經律、十發趣、十長養、十金剛、十地，使我開解，如法修行，堅持佛戒，寧捨身命，念念不去心。若一切菩薩不發是願者，犯輕垢罪。

若佛子！發是十大願已，持佛禁戒。作是誓言：寧以此身投熾然猛火大坑刀山，終不毀犯三世諸佛經律，與一切女人作不淨行。

復作是願：寧以熱鐵羅網千重周匝纏身，終不以此破戒之身，受於信心檀越一切衣服。

復作是願：寧以此口吞熱鐵丸，及大流猛火，經百千劫，終不以此破戒之口，食於信心檀越百味飲食。

復作是願：寧以此身臥大流猛火，羅網熱鐵地上，終不以此破戒之身，受於信心檀越百種床座。

復作是願：寧以此身受三百矛刺身，經一劫二劫，終不以此破戒之身，受於信心檀越百味醫藥。

復作是願：寧以此身投熱鐵鑊，經百千劫，終不以此破戒之身，受於信心檀越，千種房舍屋宅、園林田地。

復作是願：寧以鐵鎚打碎此身，從頭至足令如微塵，終不以此破戒之身，受於信心檀越恭敬禮拜。

復作是願：寧以百千熱鐵刀矛挑其兩目，終不以此破戒之心，視他好色。

復作是願：寧以百千鐵錐劖刺耳根，經一劫二劫，終不以此破戒之心，聽好音聲。

復作是願：寧以百千刃刀割去其鼻，終不以此破戒之心，貪嗅諸香。

復作是願：寧以百千刃刀割斷其舌，終不以此破戒之心，食人百味淨食。復作是願：寧以利斧斬破其身，終不以此破戒之心，貪著好觸。復作是願：願一切眾生悉得成佛。而菩薩若不發是願者，犯輕垢罪。

若佛子！常應二時頭陀，冬夏坐禪、結夏安居。常用楊枝、澡豆、三衣、瓶、缽、坐具、錫杖、香爐奩、漉水囊、手巾、刀子、火燧、鑷子、繩床、經、律、佛像、菩薩形像。而菩薩行頭陀時，及遊方時，行來百里千里，此十八種物常隨其身。頭陀者從正月十五日至三月十五日，八月十五日至十月十五日。是二時中，此十八種物常隨其身，如鳥二翼。若布薩日，新學菩薩，半月半月常布薩，誦十重四十八輕戒。若誦戒時，當於諸佛菩薩形像前誦，一人布薩即一人誦，若二人三人至百千人，亦一人誦。誦者高座，聽者下坐，各各披九條、七條、五條袈裟。若結夏安居時，亦應一一如法。若行頭陀時莫入難處：若惡國界，若惡國王、土地高下、草木深邃、師子虎狼、水火風難、及以劫賊、道路毒蛇，一切難處悉不得入。頭陀行道，乃至夏坐安居，是諸難處，皆不得入。若故入者，犯輕垢罪。

若佛子！應如法次第坐：先受戒者在前坐，後受戒者在後坐，不問老少、比丘、比丘尼、貴人、國王、王子、乃至黃門、奴婢，皆應先受戒者在前坐，後受戒者次第而坐。莫如外道癡人，若老若少，無前無後，坐無次第，如兵奴之法。我佛法中，先者先坐、後者後坐。而菩薩一一不如法次第坐者，犯輕垢罪。

若佛子！常應教化一切眾生，建立僧坊，山林園田立作佛塔，冬夏安居坐禪處所，一切行道處皆應立之。而菩薩應為一切眾生，講說大乘經律，若疾病、國難賊難、父母兄弟、和尚阿闍黎亡滅之日，及三七日，四五七日，乃至七七日，亦應講說大乘經律。一切齋會求願，行來治生、大火所燒、大水所漂、黑風所吹船舫、江河大海羅剎之難，亦應讀誦講說此經律。乃至一切罪報，三惡八難七逆，杻械枷鎖繫縛其身，多婬、多瞋、多愚癡、多疾病，皆應講此經律。而新學菩薩若不爾者，犯輕垢罪。

如是九戒，應當學，敬心奉持。梵壇品當廣明。

若佛子！與人受戒時，不得揀擇。一切國王、王子、大臣、百官、比丘、比丘尼、信男、信女、婬男、婬女、十八梵天、六欲天子、無根、二根、黃門、奴婢、一切鬼神，盡得受戒。應教身所著袈裟，皆使壞色與道相應，皆染使青黃赤黑紫色，一切染衣，乃至臥具盡以壞色，身所著衣一切染色。若一切國土中，國人所著衣服，比丘皆應與其俗服有異。若欲受戒時，師應問言：汝現身不作七逆罪否？菩薩法師，不得與七逆人現身受戒。七逆者：出佛身血、弒父、弒母、弒和尚、弒阿闍黎、破羯磨轉法輪僧、弒聖人。若具七逆，即現身不得戒，餘一切人盡得受戒。出家人法，不向國王禮拜、不向父母禮拜，六親不敬、鬼神不禮。但解法師語，有百里千里來求法者，而菩薩法師，以惡心瞋心，而不即與授一切眾生戒者，犯輕垢罪。

若佛子！教化人起信心時，菩薩與他人作教誡法師者，見欲受戒人，應教請二師：和尚、阿闍黎。二師應問言：汝有七遮罪否？若現身有七遮罪者，師不應與受戒，若無七遮者，得與受戒。若有犯十重者，應教懺悔：在佛菩薩形像前，日夜六時，誦十重四十八輕戒，苦到禮三世千佛，得見好相，若一七日，二三七日，乃至一年，要見好相。好相者，佛來摩頂，見光、見華種種異相，便得滅罪；若無好相，雖懺無益，是人現身亦不得戒，而得增益受戒。若犯四十八輕戒者：對首懺悔，罪便得滅，不同七遮。而教誡師於是法中，一一好解。若不解大乘經律，若輕若重、是非之相，不解第一義諦，習種性、長養性、性種性、不可壞性、道種性、正法性，其中多少觀行出入，十禪支一切行法，一一不得此法中意。而菩薩為利養故、為名聞故，惡求多求、貪利弟子，而詐現解一切經律，為供養故，是自欺詐、亦欺詐他人。故與人授戒者，犯輕垢罪。

若佛子！不得為利養故，於未受菩薩戒者前、若外道惡人前，說此千佛大戒；邪見人前，亦不得說，除國王，餘一切不得說。是惡人輩，不受佛戒，名為畜生，生生之處，不見三寶，如木石無心，名為外道，邪見人輩，木頭無異。而菩薩於是惡人前，說七佛教戒者，犯輕垢罪。

若佛子！信心出家受佛正戒，故起心毀犯聖戒者，不得受一切檀越供養，亦不得國王地上行，不得飲國王水，五千大鬼常遮其前，鬼言大賊。若入房舍城邑宅中，鬼復常掃其腳跡。一切世人咸皆罵言：佛法中賊。一切眾生，眼不欲見；犯戒之人，畜生無異、木頭無異。若故毀正戒者，犯輕垢罪。

若佛子！常應一心受持、讀誦大乘經律。剝皮為紙，刺血為墨，以髓為水，析骨為筆，書寫佛戒。木皮穀紙，絹素竹帛，亦應悉書持。常以七寶，無價香華，一切雜寶為箱囊，盛經律卷。若不如法供養者，犯輕垢罪。

若佛子！常起大悲心。若入一切城邑舍宅，見一切眾生，應當唱言：汝等眾生，盡應受三皈十戒。若見牛馬豬羊，一切畜生，應心念口言：汝是畜生，發菩提心。而菩薩入一切處，山林川野，皆使一切眾生發菩提心。是菩薩，若不發教化眾生心者，犯輕垢罪。

若佛子！常應教化起大悲心。若入檀越貴人家，一切眾中，不得立為白衣說法，應在白衣眾前，高座上坐；法師比丘不得地立為四眾說法。若說法時，法師高座，香華供養，四眾聽者下坐。如孝順父母，敬順師教，如事火婆羅門。其說法者，若不如法說，犯輕垢罪。

若佛子！皆以信心受佛戒者，若國王、太子、百官、四部弟子，自恃高貴，破滅佛法戒律。明作制法，制我四部弟子，不聽出家行道，亦復不聽造立形像佛塔、經律，立統官制眾，使安籍記僧。菩薩比丘地立，白衣高座，廣行非法，如兵奴事主。而菩薩正應受一切人供養，而反為官走使，非法非律。若國王百官，好心受佛戒者，莫作是破三寶之罪。若故作破法者，犯輕垢罪。

若佛子！以好心出家，而為名聞利養，於國王百官前，說佛戒者，橫與比丘、比丘尼、菩薩戒弟子，作繫縛事；如獄囚法，如兵奴之法；如師子身中蟲，自食師子肉，非餘外蟲。如是佛子，自破佛法，非外道天魔能破。若受佛戒者，應護佛戒，如念一子，如事父母，不可毀破。而菩薩聞外道惡人，以惡言謗破佛戒之聲，如三百矛刺心，千刀萬杖打拍其身，等無有異。寧自入地獄，經於百劫，而不一聞惡人，以惡言謗破佛戒之聲。而況自破佛戒，教人破法因緣，亦無孝順之心。若故作者，犯輕垢罪。

如是九戒，應當學，敬心奉持。

諸佛子！是四十八輕戒，汝等受持。過去諸菩薩已誦、未來諸菩薩當誦、現在諸菩薩今誦。

諸佛子聽！十重四十八輕戒，三世諸佛已誦、當誦、今誦，我今亦如是誦。汝等一切大眾，若國王王子百官、比丘比丘尼、信男信女，受持菩薩戒者，應受持讀誦，解說書寫，佛性常住戒卷，流通三世，一切眾生，化化不絕。得見千佛，佛佛授手，世世不墮惡道八難，常生人天道中。我今在此樹下，略開七佛法戒，汝等大眾，當一心學波羅提木叉，歡喜奉行。如無相天王品勸學中，一一廣明。三千學士，時坐聽者，聞佛自誦，心心頂戴，歡喜受持。

爾時釋迦牟尼佛，說上蓮華臺藏世界，盧舍那佛所說心地法門品中，十無盡戒法品竟。千百億釋迦亦如是說，從摩醯首羅天王宮，至此道樹下，十住處說法品，為一切菩薩、不可說大眾，受持讀誦解說，其義亦如是。千百億世界、蓮華藏世界、微塵世界，一切佛心藏、地藏、戒藏、無量行願藏、因果佛性常住藏，如是一切佛說無量，一切法藏竟。

千百億世界中，一切眾生受持，歡喜奉行。若廣開心地相相。如佛華光王七行品中說。

明人忍慧強，能持如是法，
未成佛道間，安獲五種利：
一者十方佛，憫念常守護；
二者命終時，正見心歡喜；
三者生生處，為諸菩薩友；

四者功德聚，戒度悉成就；
五者今後世，性戒福慧滿，
此是諸佛子，智者善思量。
計我著相者，不能生是法，
滅壽取證者，亦非下種處。
欲長菩提苗，光明照世間，
應當靜觀察，諸法真實相。
不生亦不滅，不常復不斷，
不一亦不異，不來亦不去，
如是一心中，方便勤莊嚴。
菩薩所應作，應當次第學，
於學於無學，勿生分別想。
是名第一道，亦名摩訶衍，

一切戲論惡，悉從是處滅，
諸佛薩婆若，悉由是處出。
是故諸佛子，宜發大勇猛，
於諸佛淨戒，護持如明珠。
過去諸菩薩，已於是中學，
未來者當學，現在者今學，
此是佛行處，聖主所稱歎。
我已隨順說，福德無量聚，
迴以施眾生，共向一切智，
願聞是法者，悉得成佛道。

智慧海 62

梵網經菩薩戒

The Bodhisattva Precepts as Taught in the Brahma Net Sutra

著者	靈源老和尚
出版	法鼓文化
總監	釋果賢
總編輯	陳重光
編輯	釋果興、李金瑛、林蒨蓉
封面設計	小山絵
內頁美編	小工
地址	臺北市北投區公館路186號5樓
電話	(02)2893-4646
傳真	(02)2896-0731
網址	http://www.ddc.com.tw
E-mail	market@ddc.com.tw
讀者服務專線	(02)2896-1600
初版一刷	2017年7月
建議售價	新臺幣280元
郵撥帳號	50013371
戶名	財團法人法鼓山文教基金會—法鼓文化
北美經銷處	紐約東初禪寺 Chan Meditation Center (New York, USA) Tel: (718)592-6593 Fax: (718)592-0717

法鼓文化

國家圖書館出版品預行編目資料

梵網經菩薩戒 / 靈源老和尚著. -- 初版. -- 臺北市 : 法鼓文化, 2017. 07
面； 公分
ISBN 978-957-598-752-7（平裝）

1. 律藏

223.11 106009056